陳耿宣，景欣，李紅黎 著

中國數位經濟新紀元

數位人民幣

數位金融時代，探索中國數位人民幣的起源與前景

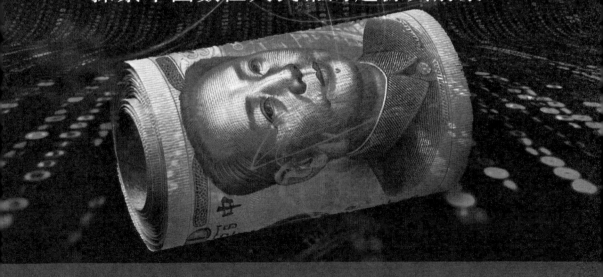

全球數位貨幣的快速成長，數位人民幣的崛起

金融科技在當代經濟中日益增長的影響力

傳統金融體系所面對的全新挑戰

觀察全球經濟和金融市場的未來趨勢

目錄

前言

　　截至 2022 年 5 月，數位人民幣（e-CNY）已在中國 15 個省市的 23 個地區展開了試驗。App、智能手錶、智能手套等都能付款，雙離線、「碰一碰」也可完成支付。支付結算行業乃至整個金融業，都正在經歷著一場漸進式變革。人們享受著金融創新帶來的便利，開始接觸到 DE/CP、數位錢包、NFC 支付等新名詞，但五花八門的新型「數位人民幣」騙局也令人防不勝防。面對日新月異的變革，好奇的人們不由得會問：什麼是數位人民幣？它有用嗎？怎麼用？數位人民幣是「中央銀行版的比特幣」嗎？它與微信支付、支付寶有何異同？社會大眾該如何防假識騙？……數位人民幣時代就要來了，我們準備好了嗎？社會各界無論是主動迎接變革，還是被動適應趨勢，都迫切需要了解數位人民幣的基本原理與發展前景，至少要掌握常識與使用技巧，能夠識別各式各樣的「套路」，謹防自己或親朋好友上當受騙。同時，了解數位人民幣在衣食住行、文化娛樂、公共服務等方面的應用，可以讓這一金融科技創新更好地服務於日常生活。

　　本書為大家解讀了數位人民幣的概念與原理，以較大篇幅介紹了應用場景、申請流程、使用技巧、支付安全、隱私保護等重點內容；比較了數位人民幣與國外法定數位貨幣的試驗與方案；同時分析了數位人民幣的社會治理、產業格局及未來趨勢。本書圖文並茂、深入淺出，可作為金融從業人員展開業務的參考書，也可作為社會各界了解與使用數位人民幣的「說明書」。

前言

　　為了做好這本前瞻性和專業性兼具的應用型讀物，保證書中內容準確且貼近現實生活，我們組建了一支基礎禁得起嚴格考驗的編寫團隊，對中國人民銀行等相關部門的文件、報告等各類資料進行詳細梳理、全面解讀。編寫團隊多次到中國工商銀行、中國農業銀行、中國銀行等數位人民幣營運機構實地調查，向數位人民幣相關職能部門、一線客戶經理請教；展開街頭走訪調查，與社區工作人員、企業職員、留學生等不同群體進行交流。另外，在成都喚醒與帶動公益服務中心的支持下，我們還展開了多次數位人民幣科普活動。在這些調查和科普活動中，編寫團隊更加清楚地了解到社會大眾對數位人民幣的認知、使用情況，以及大家在日常生活中的關心和疑惑之處。這些寶貴的一線調查成果，都在本書中有所展現，使得本書的內容更貼近讀者所需。

　　數位人民幣自 2019 年問世，剛過去 3 年左右時間，是名副其實的新興事物。受事物發展的客觀規律和筆者能力的主觀因素制約，我們對其的認識肯定存在不足，需要隨其發展不斷更新。但同時我們也相信，本書能在數位人民幣從誕生到普及的過程中，為廣大讀者帶來有價值的內容。

背景篇

第一章

從比特幣說起

比特幣的問世引發了數位貨幣的勃興。然而，數位貨幣不僅經歷了幾番雲霄飛車般的市場行情，還不時爆出盜竊、駭客攻擊等醜聞。各類負面事件引起了全世界貨幣當局與監管部門的關注，數位貨幣作為「冰山一角」，其背後的原理更值得探究。

第一節
瘋狂的比特幣

自 2009 年首枚比特幣被「挖掘」出以後，收穫了大批數位貨幣愛好者、投機者、擁護者。他們形成了「幣圈」，搭建了交易平臺。比特幣儼然已成為「幣圈」人士的「數位黃金」，也引領了各類數位貨幣的發展。數位貨幣的興衰反映了貨幣數位化的發展趨勢，使得理論與實務界人士深刻反思貨幣的本質與屬性，在貨幣上探索嘗試運用新興技術。

● 比特幣之旅：從概念到現實

比特幣從理論構想、嶄露頭角，到炙手可熱、備受追捧，再到醜聞頻發、風光不再，經歷了多次大規模的漲跌行情。它已從令人瘋狂的「神幣」演變為「幣圈」的投機品。「其興也勃焉，其亡也忽焉」，其漲跌走勢、演變歷程值得回味。

2008 年至 2010 年：構想變現，技術極具吸引力

在國際金融危機中，貨幣超發、通貨膨脹引發了廣泛擔憂，市場普遍希望改善貨幣發行機制。2008 年 11 月 1 日，中本聰率先發文提出比特幣機制，認為可以用區塊鏈建構的新型貨幣解決貨幣超發等問題 [001]。2009 年 1 月 3 日，比特幣的創世區塊鏈誕生。當時比特幣的市場價值僅為 0.003 美元，只得到了部分投資者關注 [002]。

2011 年至 2015 年：迅速流行，引起監管注意

由於數量恆定、機制與技術新穎，國外一些人將比特幣當作貨幣使用，更多的人將其作為投資品。比特幣投資一時風靡全球，一躍成為「數位黃金」[003]。2013 年 12 月，比特幣價格首超 1 盎司黃金價格，月均漲幅為 521% [004]。但到 2014 年 2 月，比特幣價格迅速暴跌至 110 美元左右 [005]。

這一時期，比特幣也贏得了中國投資者的青睞，中國一度出現了「比特幣中國」交易平臺，中國「幣圈」規模甚大。2014 年 1 月，中國比特幣的市值曾高達 5,032 元，卻在同年 2 月下旬就下跌了 36.7%，降至 3,185 元。此時，中國市場上初現比特幣的投機交易跡象。中國人民銀行等機構高度重視，發布了相關風險提示，明確否定了比特幣具有貨幣屬性。

2016 年至今：漲跌並存，投機屬性強勁

業界意識到比特幣的缺陷，一直在改善比特幣的機制。2017 年 7 月，比特幣原鏈創設比特幣現金，但它未取代比特幣。2017 年 12 月 17 日，

[001]　NAKAMOTO S. Bitcoin: A Peer-to-Peer Electronic Cash System [Z/OL]，[2022-07-21]。
[002]　2009 年比特幣發行價格是多少？比特幣原始發行價介紹 [EB/OL]。幣圈子，[2020-07-10]。
[003]　楊望、蔣寧。比特幣成了「數位黃金」（經濟透視）[EB/OL]。人民網，[2017- 05-26]。
[004]　賈麗平。比特幣的理論、實踐與影響 [J]。貨幣理論與實踐，2013（12）。
[005]　Mt.Gox 平臺比特幣風暴再起，暴跌 50% 至 113 美元 [EB/OL]。新浪網財經頻道，[2014-02-21]。

比特幣價格接近 2 萬美元水準[006]，卻在次年 11 月跌破 4,000 美元[007]。這是新一波漲跌行情。2019 年 4 月，比特幣價格再次突破 5,000 美元[008]，5 月突破 8,000 美元[009]，6 月 22 日突破 1 萬美元，5 天後一度接近 1.4 萬美元[010]。期間經歷了幾番漲跌互現的波動。2020 年 2 月，比特幣價格再度突破 1 萬美元，當年 12 月 27 日報價為 28,273.06 美元。2021 年 1 月初，比特幣價格漲至 4 萬美元，2 月中旬首度突破 5 萬美元大關[011]。但在 2021 年 5 月，比特幣價格跌破 3.5 萬美元[012]。縱觀這 6 年的市場行情，比特幣因具有較高的價值、經常處於大漲大跌狀態，容易讓市場進行投機交易的特性，已成為一種投資標的。

圖 1.1 2014 年 1 月以來比特幣價格及日均交易量
資料來源：徹底炸鍋！比特幣突破 3 萬美元大關，100 元狂賺 12 億 [EB/OL]。
和訊網，[2021-01-03]。

[006]　圖說比特幣十年 100 個精彩的區塊鏈瞬間 [EB/OL]。鏈門戶，[2018-10-31]。
[007]　比特幣跌破 4,000 美元創 424 天來最低點 [EB/OL]。財新網，[2018-11-25]。
[008]　比特幣再次升破 5,000 美元，發改委擬淘汰挖礦產業 [EB/OL]。觀察者網，[2019-04-19]。
[009]　比特幣站上 8,000 美元！不足兩個月價格已翻倍 [EB/OL]。騰訊財經，[2019-05-14]。
[010]　時隔 15 個月比特幣再度突破 1 萬美元 [EB/OL]。財新網，[2019-06-22]。
[011]　走出低迷？比特幣 5 月以來首次突破 5 萬美元大關 [EB/OL]。新浪財經，[2021-08-24]。
[012]　比特幣價格再度跌破 3.2 萬美元較今年最高價腰斬 [EB/OL]。新浪科技，[2021-05-24]。

● 高「燒」不退：風險與收益並存

比特幣運用了區塊鏈等新興技術，極大地提升了支付、匯兌等效率，能夠為企業、居民的業務或日常生活帶來便利，薩爾瓦多政府甚至將其確立為本國的法定貨幣 [013]。

比特幣的收發成本相當低，數秒內就能傳輸到任意網路連通之處，目前最低手續費約合 0.4 分人民幣。但傳統跨國匯款需數日才能到帳，手續費一般為匯款金額的 3% -10%。比特幣的這一優勢吸引了 Windows、戴爾（Dell）等企業接受比特幣支付。比特幣的勃興也激發了市場主體的熱情，五花八門的數位貨幣層出不窮。據不完全統計，有影響力的私人數位貨幣的市值已經超過 1.3 兆美元 [014]。

自 2009 年以來，比特幣價格持續高「燒」不退，成為非常誘人的金融投資品。一方面，其所運用的新興技術 —— 分散式帳本、智能合約（Smart Contracts）、密碼加密等使其更隱祕、更高效、更安全，各種技術迭代更新，不斷彌補原有的缺陷。另一方面，比特幣總量恆定為 2,100 萬個，部分國家政府也支持比特幣交易，使其具備了投資品的特性，反過來推動了其交易價格的高漲。但與此同時，比特幣是高風險高預期收益的虛擬資產，短期價格容易震蕩波動，極易受到監管政策、網路設備、能源消耗等的影響。比特幣等數位貨幣又具有隱蔽性等特點，極易被洗錢、恐怖分子籌資活動（Terrorist Financing）、暗網交易等違法犯罪活動利用。全球先後發生過多起比特幣被盜竊等醜聞。2014 年，全球最大比特幣交易所 Mt. Gox 失竊，85 萬個比特幣丟失，損失高達 4.6 億美元 [015]。

---

[013]　倪浩。薩爾瓦多使用比特幣引發市場震蕩 [N]。環球時報，2021-09-09（11）。

[014]　CoinMarketCap 網站數據（截至 2021 年 7 月 15 日）。

[015]　McClanahan, B。Mt. Gox Files for Bankruptcy, Hit with Lawsuit [EB/OL]，[2022-05-22]。

● 承認還是禁止？審慎監管

比特幣等數位貨幣引發了國際社會的廣泛關注。國際組織注意到比特幣、穩定幣的潛在風險，先後發布了一些風險提示及政策指引。各國中央銀行、監管部門對比特幣的態度有所不同。

美國官方不承認比特幣是貨幣。美國財政部 FinCEN 於 2013 年 3 月制定了關於虛擬貨幣交易的政策指引；商品期貨交易委員會（CFTC）、證券交易委員會（SEC）等機構制定了相關監管政策；紐約州則制定了虛擬貨幣監管條例。2013 年，泰國中央銀行認定比特幣交易為非法交易，泰國比特幣交易公司在官網宣布停止比特幣交易。

2013 年初，法國比特幣交易平臺「比特幣中央」被法國政府批准，成為取得國際銀行帳號的準銀行。德國財政部正式認可比特幣為一種可被徵稅的「貨幣單位」和「私有財產」，德國成為世界上首個認可比特幣合法地位的國家。然而，歐洲銀行業監管局已敦促成員國監管當局阻止金融機構展開比特幣等虛擬貨幣的相關交易 [016]。

在中國，比特幣等數位貨幣經歷了由允許交易、限定交易到取締交易的過程。根據 2016 年中國人民銀行、工信部、銀監會、證監會和保監會聯合發布的《關於防範比特幣風險的通知》，比特幣只是一種特定的虛擬商品，各金融機構和支付機構不得從事比特幣相關交易和服務，比特幣網際網路站也應依法備案，依法實施用戶註冊管理等。可見，中國對比特幣等數位貨幣的態度與對 QQ 幣等的一致，僅限於虛擬交易。2018 年至 2020 年，中國人民銀行等機構陸續推出相關監管措施，完全取締了中國境內的比特幣等數位貨幣交易。盛極一時的中國數位貨幣交易平臺消亡，火幣、幣安、OKEx 等數位貨幣交易平臺陸續退出中國境內市場，

---

[016]　European Banking Authority。EBA Opinion on 4 Virtual Currencies [EB/OL]，[2022-06-22]。

「幣圈」人士要麼轉戰境外，要麼徹底退出。

值得注意的是，薩爾瓦多政府宣布，比特幣與美元同為該國法定貨幣。薩爾瓦多成為世界上第一個將比特幣視為法定貨幣的國家。2022 年1 月，該國所持的比特幣資產遭受巨額虧損 [017]，以至於國際貨幣基金組織（IMF）發出警告。

目前，比特幣等數位貨幣風光不再，受到了金融監管部門的審慎監管。但受其啟發，一些國家的中央銀行、金融機構正在探索區塊鏈技術的金融運用，試圖改善貨幣屬性。

第二節
由淺入深說數位貨幣

比特幣等數位貨幣緣何受到人們追捧？原因在於其屬性、功能神似貨幣。但數位貨幣「表裡不一」：僅具備貨幣之表象，不具備貨幣的本質。

● 數位貨幣的代表：比特幣與 Libra

提起數位貨幣，業界、社會大眾首先會想到比特幣，因此便會下意識認為數位貨幣源於比特幣。其實，業界很早就開始探索數位貨幣，其中只有比特幣最成功，很快便風靡全球、舉世矚目，成為數位貨幣發展史中的一座里程碑。

比特幣的勃興引起了「幣圈」的興趣，技術人士創建了各類數位貨幣。有數據顯示，全球數位貨幣市場已有 1.4 萬多種數位貨幣，總市值

---

[017]　薩爾瓦多作為全球首個將比特幣作為法定貨幣的國家究竟是何方神聖 [EB/OL]。阿森侃文網
易號，[2022-05-21]。

超過 2.4 兆美元 [018]。各類數位貨幣魚龍混雜，有的曇花一現，有的經久不衰，也有的尚處於初創階段。

數位貨幣大致可分為比特幣、競爭幣（Altcoins）與數位資產幣三類，或者可分為比特幣與類比特幣、穩定幣兩類。

比特幣在數位貨幣市場占據主導地位，是迄今為止最成功、最為市場廣泛接受的數位貨幣，其貨幣符號被嵌入數位貨幣的通用標識。

「幣圈」很多人仿照比特幣技術，創造了大量競爭幣。這類數位貨幣與比特幣有類似的運作機制與功能，卻局限於各區塊鏈項目，價值與穩定性、實用性等均不如比特幣，如泰達幣（USDT）、瑞波幣（XRP）等。

泰達幣。與法定貨幣美元掛鉤，1 單位泰達幣與 1 美元等值，波動性很小。它存在外匯儲備帳戶，獲得法定貨幣支持，其算法與營運均符合國際合規標準，可以避免比特幣的諸多風險，卻無法根除固有的安全風險。

瑞波幣。世界上首個開放的去中心化平臺幣，透過向社區用戶贈送、挖礦、批發或員工薪水等方式營運，在 P2P 支付網路 Ripple 系統內通用，發行總量為 1,000 億枚。

萊特幣（LTC）。發行 8,400 萬枚，目前已「挖礦」6,370 萬枚，依靠專門的開源軟體營運。

幣安幣（BNB）。由世界第三大數位貨幣場內交易所 —— 幣安交易所發行的平臺代幣，發行量為 2 億枚，目前對外發售 1 億枚。其價值基礎為以太坊（Ethereum）的去中心化數位資產，由幣安平臺收入、回購、銷毀幣安幣，穩定性較比特幣高。

---

[018] 「得得週報」全球數位貨幣總市值較上週下跌約 7.78%｜11.22-11.28 [EB/OL]。快資訊，[2021-11-30]。

柚子幣。以商用分散式設計區塊鏈操作系統（enterprise operation system，EOS）為框架搭建了區塊鏈 3.0 平臺，引入了代理權益證明（delegated proof of stake，DPoS）的共識機制，以超級節點保證營運穩定。社區用戶享有投票權，但其中心化程度較高。

以上數位貨幣實現了技術迭代，彌補了比特幣的缺陷，成為頗受「幣圈」及相關社群歡迎的數位貨幣。

隨著技術不斷革新，一些大型科技平臺也開始探索穩定幣。最令人矚目的就是 Libra。2019 年 6 月，臉書（Facebook）發布 Libra 白皮書，聲稱這種數位貨幣與一籃子法定貨幣掛鉤，以 Facebook 的儲備資產為支撐，目標是成為國際貨幣、全球性支付工具。該白皮書剛剛發布，便引起了美聯儲、歐洲中央銀行等監管機構的注意，Facebook 創始人祖克柏（Mark Elliot Zuckerberg）出席了多次聽證會回應質詢。該方案多次受挫，白皮書不得不改版，聲稱將致力於在依法合規的條件下，改善跨境支付環境，為更多「草根」人群提供普惠金融服務。從已公布的第二版白皮書來看，Libra 具有更優的結算功能，在使用場景中，不用於計價，而主要用作跨境結算工具，旨在成為全球性支付工具，意欲服從各國金融監管。2020 年 12 月，Libra 更名為 Diem，以 1：1 的比率錨定美元，表示將更嚴格地遵守全球監管法規，具備全球包容性。無論是 Libra、Libra2.0，還是 Diem，至今均未獲得任何監管機構的認可，發行計畫暫時被放置。儘管 Libra（Diem）尚未問世，但它對法定數位貨幣、數位貨幣等影響甚大。

● 數位貨幣的本質：形似神不似

單單從數位貨幣的外觀、功能與應用來看，數位貨幣似乎發揮了貨幣的作用，但我們需要透過技術應用的表象、結合貨幣的職能，分析其本質屬性。

常見的 QQ 幣、論壇幣等數位貨幣都是虛擬貨幣，但都只是簡單的代幣。通常所謂的數位貨幣，規範名稱是數位加密貨幣或加密貨幣，其表現形式與虛擬貨幣有一些共性，但運用了更先進的數位技術，可以使其超越虛擬空間而流通與應用。比特幣也好，萊特幣也罷，都具有以下共性：這類貨幣的發行、流通與使用不依託任何實物，以密碼加密技術、網路 P2P 技術為基礎，由電腦程式生成與營運。這些新興技術改善了數位貨幣的性能，但只有結合貨幣的職能進行比較分析，才能判斷數位貨幣是否屬於貨幣。

馬克思（Karl Marx）認為，貨幣本質上是充當一般等價物的工具，具有記帳單位、交易媒介、支付工具、價值儲藏、世界貨幣的職能。

從比特幣、穩定幣的流通、應用等情況來看，數位貨幣似乎具備了貨幣的部分職能。數位貨幣透過「挖礦」等算法得到，「礦工」、程式設計師等主體投入了精力和時間，也耗費了一定的電力。所以，儘管比特幣等數位貨幣不見實體，卻具備一定的價值。

然而，這並不意味著它們能夠成為記帳單位。貨幣之所以能夠成為記帳單位，是因為其背後有絕對法定償付效力支撐，這種效力來源於政府的支持，取決於一國的社會經濟發展狀況和綜合國力；貨幣之所以能夠履行記帳單位，是因為其安全性、穩定性、便捷性與普適性。數位貨幣是否符合這種要求，需要根據具體情況分析。比特幣是技術菁英的創造物，雖具備較高的安全性、便捷性，但卻存在很多安全隱患；它的價值波動性遠超實物貨幣，很容易成為市場投機對象。穩定幣雖提高了安全性，可以避免被盜竊等風險，卻仍無法避免意外事件的影響。2022 年5 月，LUNA 幣遭遇暴跌事件，在極短時間內變得幾乎一文不值。這說明穩定幣仍存在穩定性漏洞。

　　從流通範圍來看，比特幣的受眾仍然很小，無法像實物貨幣那樣廣泛流通於經濟社會的每個角落，其運作方式更像是一種金融投資品。各類穩定幣的流通範圍也受到限制。因此，比特幣、競爭幣、穩定幣都缺乏實物貨幣的交易媒介職能。

　　比特幣可用於消費、債務、薪水等的支付，其支付場景較其他數位貨幣更廣，但也如大多數數位貨幣一樣，僅在一定範圍內被當作支付工具。

　　比特幣、Libra（Diem）等大都被當作投資品，可以滿足價值儲藏的職能。但是其價格極具波動性，無法像實物貨幣那般穩定，人們不可能將一種容易縮水的貨幣當作財富貯藏，因而其價值儲藏職能還是大打折扣的。

　　比特幣、Libra（Diem）雖能跨越國界流通，但其世界貨幣職能無法與實物貨幣相比。

　　不僅如此，數位貨幣的營運態勢暴露出無法根治的軟肋 ── 區塊鏈「不可能三角（Impossible trinity）」問題。也就是說，各類數位貨幣無法完全兼顧去中心化、安全和效率。比特幣的最大缺陷是效率；Libra（Diem）的最大障礙是無法克服去中心化的難題；LUNA 幣暴跌事件說明即便是穩定幣，也無法徹底解決安全問題。數位巨頭、技術菁英的信用無法比肩國家信用。

　　比特幣等數位貨幣具備去中心化、社區信用、數量限制、不可逆性與高度匿名性，看似可以解決實物貨幣「不可能三角」問題（也稱貨幣三元悖論，指「資本自由流動」、「匯率穩定」、「貨幣政策獨立性」三個條件不能同時滿足），卻無法像實物貨幣那樣發揮作用。因此，數位貨幣不能被認定為貨幣。

儘管如此，數位貨幣的試驗使我們必須反思貨幣的本質、貨幣的職能等問題。如何積極回應數位金融發展趨勢、利用新興技術革新法定貨幣、引導和規制法定數位貨幣與數位貨幣……已成為新時代中央銀行不得不認真對待的問題。

第三節
從貨幣史考察數位人民幣

從實物貨幣到信用貨幣，再到法定數位貨幣，貨幣的形態在不斷變化。縱觀數千年的貨幣演變史，我們便會發現，貨幣既是商品交易的必然產物，也是人們主動選擇的結果，其間也伴隨著貨幣技術的變革。數位人民幣也離不開商品交易、公共需求與技術迭代的驅動。

●數位人民幣是商品交易發展的產物

貨幣起源於商品交換，一般認為貨幣是商品交換的一般等價物。貨幣與商品交換之間是互相促進的，商品交換催生了貨幣，貨幣的出現又促進了商品交換的發展。伴隨著商品交換的進一步發展，又出現了貨幣的更新換代。貨幣從以貝殼、貴金屬為代表的實物貨幣到以鈔票為代表的形式貨幣，從金本位、銀本位、複本位到信用本位再到如今的法定數位貨幣，從根本上說都是商品交換不斷升級，反過來推動貨幣發展的結果。

最早的人類部落採用的只是以物易物的交易方式。伴隨生產力的增強，交易的需求開始增多，於是，尋找中介物作為交換媒介便成為必然。之後，在全球不同地區誕生了很多原始的貨幣，其中最具代表性的

就是貝殼。因其光潔美麗，堅固耐磨，便於攜帶，又是天然成形，在世界很多地方都曾被當成貨幣使用。隨著商品交換的擴大，諸如貝殼、鹽幣等自然貨幣，在流轉和使用中都會遭受很大損耗，也並不適合長時間儲存。於是貝殼等自然貨幣被銅貝取代。最後，在相近的歷史時期，世界各大文明都不約而同地選擇使用金、銀等金屬材質的貨幣。因為這類金屬稀缺、不易腐壞、容易切割，是極佳的貨幣材質。於是，金屬貨幣逐步在全球範圍內流通。在數千年的人類文明史中，金幣等鑄幣一直是最主要的貨幣。

　　工業科技的進步，帶來了商業經濟的發展，稀缺的金銀已經無法滿足商業的需求，於是人們開始尋求新的替代物，鈔票作為一種信用貨幣登上歷史舞臺。在中國商品經濟較為發達的宋代，官府就發行了紙質貨幣 —— 交子。直到 17 世紀晚期，中央銀行正式誕生，歐美國家才開始發行鈔票。鈔票全面取代金屬貨幣則是 20 世紀的事情。20 世紀中期以來，貨幣不斷向虛擬化演化，信用卡、簽帳金融卡等交易工具出現，減少了對鈔票和金屬貨幣的使用，貨幣開始走向無實物的虛擬形式。數位貨幣的產生也是社會經濟轉型和以人工智慧、大數據為代表的新經濟形態發展的必然結果。

● 數位人民幣是社會公共需求的產物

　　貨幣是人類為了提高經濟效率而發明的交易媒介，任何社會力量都不能抵禦其提高流通效率的本質要求。從自然貨幣到金屬貨幣、信用貨幣，每一次貨幣形式的變化都是以提高流通效率為核心目標的。

　　2008 年，美國爆發的次貸危機演變為全球性金融危機，加上歐美國家週期性發作的金融危機，暴露出信用貨幣的諸多弊端。社會各界主張

改革國際貨幣制度，實現經濟民主與經濟正義。

近些年，大數據、人工智慧、區塊鏈、虛擬技術快速發展，為貨幣的形式變化提供了技術上的可能。面對經濟發展對貨幣流通效率提出的更高要求，數位貨幣應運而生。2008 年 11 月，中本聰設想了比特幣的發行機制，提出去中心化架構、分散式帳本、密碼加密、區塊鏈等技術，以使貨幣發行變得更加透明、更加公正。比特幣的問世使這種設想變為現實。各國中央銀行針對數位貨幣的崛起，採取了多項監管措施，並開始探索研發法定數位貨幣。數位人民幣是中國人民銀行多年研發的最新成果，將有助於改善人民幣的發行與流通管理。

由此可見，貨幣經歷了自然貨幣、金屬貨幣、信用貨幣的發展歷程。法定數位貨幣作為法定貨幣的新形態，仍然屬於一種信用貨幣。國家信用是法定貨幣穩定的前提和基礎。法定數位貨幣可以更好地適應數位經濟發展，滿足社會大眾的需求。

● 數位人民幣是貨幣技術迭代的產物

回顧貨幣的演變歷程，技術迭代推動著貨幣形態的演變。每一次貨幣形態的演變，都伴隨著重大的科技進步。金屬冶煉、鑄造技術的發展，使貨幣完成了由自然貨幣向金屬貨幣的轉換，金、銀、銅、鐵等金屬貨幣出現和流通；鈔票出現的首要因素是造紙術和印刷術效率的提升與技術的改進，這使得大量、低成本紙張製造以及初步防偽得以實現；計算機和網路技術的發展，使得電子支付成為可能並迅猛發展。如今，數位技術的逐漸成熟促進了數位人民幣的創新，為其發展提供了更多技術備選項 [019]。

---

[019] 零壹財經。數位人民幣概述：屬性、歷程、動因及目標 [EB/OL]。零壹智庫 Pro，[2020-11-10]。

第二章

數位法幣誕生記 [020]

隨著數位貨幣的崛起，各國中央銀行高度重視區塊鏈等新興技術的應用，試圖運用新興技術解決實物貨幣三元悖論，也解決數位貨幣區塊鏈「不可能三角」問題。在比特幣經歷幾番暴跌暴漲後，各國中央銀行、監管機構開始探索數位法幣的可行性。中國人民銀行於 2014 年啟動數位人民幣的研發工作，可謂中央銀行中的先驅。2019 年以前，除瑞典中央銀行在研發電子克朗外，大多數發達經濟體的中央銀行對法定數位貨幣持謹慎態度。新興市場（emergingmarket economy，EME）中央銀行則積極嘗試，但有的國家因技術難題等遭遇失敗。

2019 年，隨著中國人民銀行宣布試運行 DE/CP，歐美中央銀行陸續發布數位美元、數位歐元、數位英鎊等方案，各國中央銀行掀起研發法定數位貨幣的熱潮。國際結算銀行（Bank forInternational Settlements，BIS）2021 年的調查顯示，各國中央銀行明顯加快了法定數位貨幣的研發進度，90％的受訪中央銀行參與了各類 CBDC 的研發與試驗工作。全球有超過 2/3 的中央銀行認為，它們將在中期或短期內發行零售型 CBDC[021]。

---

[020]　在本書中，中央銀行數位貨幣（CBDC）與法定數位貨幣是意思相同的兩個說法。從嚴格意義上講，法定數位貨幣的範圍更廣一些。但本書不做刻意區分，而會在相應處說明其特定含義。需要指出的是，本書也會用數位法幣指代 CBDC 或法定數位貨幣。

[021]　KOSSE A、MATTEI I。Gaining Momentum-Results of the 2021 BIS Survey on Central Bank Digital Currencies [EB/OL]，[2022-06-29]。

第一節
中央銀行數位貨幣的原理與技術

● 從三份國際調查結果說開去

國際結算銀行是一家促進各國中央銀行合作的國際金融機構，是世界上歷史最悠久的國際金融組織，2019 年其成員方已發展至 60 家中央銀行或貨幣當局 [022]。BIS 在比特幣出現後，密切關注數位貨幣市場態勢，研討法定數位貨幣的技術架構與原理。2018 年至今，BIS 發布了三份中央銀行調查報告，內容主要涉及各經濟體 CBDC 研發狀況、推進因素及發行意圖。

各中央銀行還被要求提供關於數位貨幣的法律框架以及對加密貨幣和穩定幣使用情況的評估 [023]。

這三份報告的題目耐人尋味。從 2018 年的「謹慎前行」，到 2020 年的「即將到來」，再到 2022 年的「蓄勢待發」，用詞的變動不僅意味著各國中央銀行對 CBDC 態度的積極變化，也揭示了各國中央銀行的研發進展與技術框架。

第一份報告調查了 63 家中央銀行，結果顯示，雖然參與調查的中央銀行有 70% 表示正在參與（或將要參與）數位貨幣的研究，但這些研究幾乎是概念性的，並且被調查的中央銀行很少表示會在短期或中期發行數位貨幣。調查結果明確展現了各國中央銀行對發行數位貨幣的謹慎態度 [024]。

[022]　國際結算銀行 [EB/OL]。中華人民共和國外交部網站，[2022-07-21]。
[023]　國際結算銀行：關於中央銀行數位貨幣的第三次調查 [EB/OL]。世鏈財經，[2021-12-02]。
[024]　克里斯蒂安·巴隆提尼、亨利·霍爾頓、徐菁。謹慎前行：中央銀行數字貨幣調查 [J]。金融市場研究，2019，79（5）：114-124。

第二份報告調查了 66 家中央銀行，從調查結果來看，越來越多的中央銀行正在（或很快將）從事數位貨幣研發工作，數位貨幣正在從概念層面落到現實操作。此外，研究還發現新興市場的動機更強，發行數位貨幣的可能性更大 [025]。

第三份報告調查了 81 家中央銀行，調查結果顯示，全球中央銀行的中央銀行數位貨幣開發顯著加速。加快研發一個很重要的原因是新冠肺炎疫情。運用數位技術可以在緊急情況下獲取中央銀行的資金。將數位貨幣作為現金和現金的潛在補充，既能夠保證民眾的日常消費，還能夠保證疫情背景下的社交距離。總而言之，越來越多的中央銀行正處於探索數位貨幣的後期階段 [026]。

從三份國際調查可以發現，最初中央銀行注意的是系統性影響，對數位貨幣呈現消極態度。但隨著時間的推移，應對現金使用量下降的需求凸顯出來，一些中央銀行對發行 CBDC 的態度變得積極起來。態度變化的一個轉折點是 Libra 方案的公布以及隨之而來的政府監管部門的回應。另一個轉折點就是新冠肺炎疫情的暴發。政府發現市場對非現金支付的需求激增。2019 年以來，DC/EP 測試、e-CNY 試驗的成功，甚至讓BIS 等國際組織樂觀地認為，中國人民銀行很快將會發行數位人民幣。

以歐洲中央銀行為例。近年來，歐洲中央銀行積極展開數位歐元的概念設計和實踐探索。觀察數位歐元的發展進程，可將其劃分為「審慎保守」和「積極推進」兩個階段，歐洲中央銀行的態度在此期間發生了明顯轉變。2016-2019 年，歐洲中央銀行對數位歐元持謹慎保守的態度。之後，2020 年 10 月 2 日，歐洲中央銀行發布了《數位歐元報告》，全

---

[025] 國際結算銀行：即將到來：中央銀行數位貨幣後續調查報告 [EB/OL]。鳳凰新聞，[2020-02-05]。
[026] 國際結算銀行：關於中央銀行數位貨幣的第三次調查 [EB/OL]。世鏈財經，[2021-12-02]。

面總結了歐洲中央銀行迄今為止關於數位歐元發行工作的整體計畫、方案、功能、原則、要求、技術及後續工作的詳細情況，進入了積極推進階段。根據《歐洲聯盟運作條約》第 127 條的規定，歐元體系應支持歐盟的整體經濟政策，並為實現經濟目標做出貢獻。這就說明，數位歐元的發行肯定是有利於歐盟地區經濟繁榮的。

● 中央銀行數位貨幣的技術架構

CBDC 的設計方法在不同的國家是不同的，但可以提煉出主要的設計選擇和不同維度。簡而言之，可以用「CBDC 金字塔」（見圖 2.1）的方法對不同國家的設計進行分類。「CBDC 金字塔」法是從消費者需求出發，權衡相關的技術設計，得出最終設計選擇。設計選擇方案形成了一個層次結構，其中較低的初始層表示提供給後續較高級別決策的設計決策範圍。

圖 2.1 CBCD 金字塔

（資料來源：黃慧紅。建構零售型 CBDC 的技術路徑｜數位貨幣與數位資產系列之二 [EB/OL]。第一財經研究院，[2020-04-24]。）

　　第一個技術選擇是基礎性的架構設計，即決定中央銀行和私人中介機構在 CBDC 中扮演的角色。根據扮演的角色不同，可以將 CBDC 分為四種：

☑ 直接 CBDC：由中央銀行營運的支付系統，提供零售服務。

☑ 混合 CBDC：中介機構處理零售支付，但 CBDC 是對中央銀行的直接債權。中央銀行還保留所有交易的中央分類帳，並營運備用技術基礎設施，使其能夠在中介機構倒閉時重新啟動支付系統。

☑ 中介 CBDC：類似混合 CBDC 的架構，但中央銀行只維護一個批發分類帳，而不是所有零售交易的中央分類帳。同樣，CBDC 是對中央銀行的債權，私人中介機構執行支付。

☑ 間接或合成 CBDC：由類似狹義支付銀行的中介機構營運的支付系統。消費者對這些中介機構有債權，這些中介機構經營所有的零售支付，需要完全支持對中央銀行有債權的零售客戶的所有債務。[027]

　　第二個技術選擇與基礎設施相關。可以基於傳統的集中式數據庫，也可以基於分散式帳本技術（distributed ledgertechnology，DLT）[028]。第三個技術選擇是 CBDC 的准入問題。是基於銀行帳戶的准入，還是以所謂的數位代幣為准入基礎。第四個技術選擇涉及 CBDC 是零售型還是批發型。批發型 CBDC 的使用限於中央銀行和金融機構之間，不面向大眾。零售型 CBDC 也被稱為一般目標型 CBDC，其使用面向大眾[029]，以及居民和非居民的使用准入。在已有的 CBDC 項目中，架構設計、基礎

[027]　AUER R, CORNELLI G, FROST J。Rise of the Central Bank Digital Currencies:Drivers, Approaches and Technologies [Z]。CEPR Discussion Papers 15363，2020。

[028]　DLT 是一種不依賴中央單一數據儲存、依靠分散式的參與者共同維護的技術，允許不同位置的計算機透過網路以同步的方式提出、驗證交易並更新紀錄。

[029]　中央銀行數位貨幣的路徑選擇：批發型還是零售型？[EB/OL]。夢舞清愁搜狐號，[2021-01-22]。

設施、准入、零售或批發互聯的方法各式各樣 [030]。

總而言之，CBDC 的設計方案有多種選擇，除了上述設計方案外，各領域還有許多服務特定問題研究的、更加精細的設計，如 CBDC 如何發放（透過購買債券還是直接發放）、CBDC 帳戶是否可以透支、中央銀行如何對 CBDC 進行管理（價格或數量）、應用程式介面的交互性問題等。

這些設計方案並不是分散和獨立的，中央銀行在選擇相應的技術架構之前，需要充分考慮一系列的設計組合，評估各架構對現有金融基礎設施、市場主體及經濟社會的潛在影響 [031]。

● 數位人民幣與其他 CBDC

中國的數位人民幣具有混合 CBDC 的特點。運用雙層營運結構——由中國人民銀行提供核心基礎設施，而由商業銀行、其他支付服務提供商和電信等中介機構為民眾提供服務。其基礎設施是傳統數據庫和分散式帳本技術的混合系統，以平臺化與分散式搭建數位人民幣系統。考慮到區塊鏈在處理大規模、高併發交易中存在低效的弊端，數位人民幣系統並未運用區塊鏈技術及其架構 [032]。為了結算交易，任何系統都必須能夠每秒處理 30 萬筆交易（TPS），以適應中國的大型零售交易。中國人民銀行不要求中介機構使用任何特定的基礎設施或任何特定的技術途

[030] AUER R, CORNELLI G, FROST J。Rise of the Central Bank Digital Currencies: Drivers, Approaches and Technologies [Z]。CEPR Discussion Papers 15363, 2020。

[031] 劉凱、郭明旭。中央銀行數位貨幣的發行動機、設計方案及其對中國的啟示 [J]。國際經濟評論，2021（3）：137-154, 7。

[032] 中國人民銀行數位人民幣研發工作組。中國數位人民幣的研發進展白皮書 [EB/OL]。中國政府網，[2021-07-16]：14。

徑。但是，對於交易紀錄和對帳，可以使用分散式帳本技術[033]。數位人民幣的設計特點可見圖 2.2。

設計方面	中國人民銀行DC/EP設計選擇	細節
批發還是零售?	相互連繫	外國遊客和出差人士可透過外國手機號碼在中國境內使用CBDC
准入	大部分基於帳戶，且允許智能貨幣接口	身分認證分級，根據認證強度設置餘額和交易限制
基礎設施	中國人民銀行運行傳統基礎設施和DLT	中國人民銀行運行傳統基礎設施DLT，私營部門可自由選擇
架構設計	混合CBDC	CBDC是中央銀行的直接負債，由中介機構（即「授權營運商」）執行支付。中央銀行定期接收和儲存零售持有和交易副本

圖 2.2 數位人民幣設計特點

（資料來源：復旦發展研究院金融研究中心。金融學術尖端：從 DC/EP 擴大試驗分析數位人民幣發展前景 [EB/OL]。復旦發展研究院，[2020-10-20]。）

第二節
中央銀行數位貨幣的國際進展

目前在中央銀行數位貨幣領域取得實質進展的國家，主要動機各不相同。厄瓜多希望透過 CBDC 解決其複雜的經濟政治問題，搭上「快車」，以改善中國的困境；加拿大考慮發行法定數位貨幣作為應急計畫，

---

[033]　AUER R, CORNELLI G, FROST J。Rise of the Central Bank Digital Currencies: Drivers, Approaches and Technologies [Z]。CEPR Discussion Papers 15363，2020。

以提升本國金融系統效率；瑞典將法定數位貨幣作為對現有支付系統的補充，應對現金需求下降；而中國推行數位人民幣則是希望可以降低傳統鈔票的發行和流通成本，增強經濟交易的便利性和透明度，同時助推人民幣國際化。下面，我們將走進許多國家，探究它們發行 CBDC 的背後原因 [034]。

● 發達經濟體

美國

在數位貨幣發展初期，美國持較為謹慎的態度。2019 年 11 月 20 日，美國聯邦儲備委員會主席傑洛姆‧鮑爾（Jerome Powell）致信美國國會眾議院金融服務委員會的兩位成員，重申美國目前沒有發行中央銀行數位貨幣的計畫和必要。但 2020 年 3 月 27 日美國就推了出 2.2 兆美元刺激計畫法案，提出要透過數位美元錢包向相關家庭直接發放現金補助，還給出了詳細的數位美元設計。

2020 年以來，新冠病毒在全球大流行，世界經濟陷入停滯。面對疫情危機，美國制定了相關緊急救濟政策，決定直接向個人發放補貼款項，以抵消疫情期間的薪水收入損失。在新冠肺炎疫情的衝擊下，美國金融基礎設施的不完善被放大。例如，美國政府為民眾提供經濟補助通常透過郵寄支票的方式，需要投入大量的人力和物力，並且存在交付遲滯的現象，無法為弱勢群體提供及時和必要的幫助。在這樣的情況下，2020 年 3 月，美國國會在新冠肺炎疫情紓困刺激法案中，第一次提出美國中央銀行數位貨幣 —— 數位美元（Digital Dollar）。2020 年 10 月 19

---

[034] 復旦發展研究院金融研究中心。金融學術尖端：從 DC/EP 擴大試驗分析數位人民幣發展前景 [EB/OL]。復旦發展研究院，[2020-10-20]。

日，美聯儲主席鮑爾在 IMF 年會上表示，「美聯儲正致力於謹慎、認真、全面地評估中央銀行數位貨幣對美國經濟和支付系統帶來的潛在成本和收益」，這是鮑爾首次對中央銀行數位貨幣表現出正面的態度 [035]。

其原因可能是，美國希望將數位美元作為「直升機撒錢工具」，試圖透過快速的政府轉移支付，修補家庭資產負債表，對抗新冠肺炎疫情的經濟衝擊。當然，除了新冠肺炎疫情的刺激，還有其他事件的影響。在數位經濟逐漸壯大、支付方式多元化的背景下，美國為了維持美元的國際地位，選擇推出數位美元。這也是美國加強金融基礎設施建設的手段，以確保美國繼續領跑未來的全球經濟發展。2022 年 4 月 26 日，美國參議院確認萊爾·布雷納德（Lael Brainard）為美聯儲的下一任副主席。布雷納德是公認的數位貨幣倡導者，她曾經表示：「美元在國際支付中占主導地位，如果世界上其他主要司法管轄區都有數位貨幣、CBDC 產品，而美國沒有，我覺得無法接受。」[036]

目前來看，數位人民幣和數位美元有相同之處，也有不同的地方。先看相同點：兩者都是由中央銀行統一發行，是法定貨幣，是國家主權貨幣，有國家信用背書，服從經濟金融運行的一般規律。另外，兩者在營運機制上較為一致，均選擇使用雙層投放體系，由中央銀行將數位貨幣分發給商業銀行，商業銀行一方面透過繳納準備金獲得數位貨幣，另一方面向民眾提供數位貨幣相關的兌換和帳戶服務。這樣既能有效鞏固貨幣主權地位，也能充分發揮商業銀行在營運方面的現有技術和人才優勢，提升市場配置資源效率。再來看不同之處：兩者在技術路線層面有

---

[035]　蔣夢瑩。鮑爾談中央銀行數位貨幣：對美國來說做對比做好第一件事更重要 [EB/OL]。澎湃新聞，[2020-10-20]。

[036]　BRAINARD L。Private Money and Central Bank Money as Payments Go Digital: an Update on CBDCs [EB/OL]，[2022-06-22]。

所不同，主要展現在對區塊鏈的運用方面。數位人民幣僅將其作為可選方案，而《數位美元》白皮書則特別強調了其在數位美元方面的應用。此外，數位人民幣旨在替代流通中的部分 M0，因此具有最高的流動性，明確不計利息，主要適用於小額高頻的應用場景，在當前試驗中也優先選擇了交通、教育、醫療以及消費等與人們生活緊密相關的行業。而數位美元極為強調其在跨境支付方面的應用，一旦落地發行，將更加便利美元在國際的流通和轉換，是對美元傳統國際結算貨幣和儲備貨幣地位的強化 [037]。

儘管數位美元的研發進展滯後，但了解數位美元是有必要的。美聯儲作為全球最有影響力的中央銀行，其推出的數位美元可能會對美元體系、中央銀行數位貨幣的國際標準乃至全球貨幣格局產生深遠影響，值得重點關注與深入研究。

瑞典

瑞典目前是北歐國家數位經濟發展方面的先驅。瑞典中央銀行正在研究的國家加密貨幣，稱為電子克朗（e-Krona），是一種中央銀行負債，具有法定貨幣的地位，一旦發行將引起中央銀行資產負債表的變動。電子克朗可用於消費者、公司和政府機構之間的小額交易。瑞典如此積極研發數位貨幣的原因在於 —— 人們使用現金的頻率正迅速下降。

自 2008 年以來，瑞典流通中的現金數量下降了 50％ 左右，目前已下降到 530 億瑞典克朗。流通中的現金數量下降的原因並不在於獲取現金的方式變得更加困難了。據調查，2016 年瑞典 ATM 的數量與 2006 年持平，但民眾選擇從 ATM 提取的金額卻越來越少。因此，在瑞典，基礎

---

[037]　鐘紅、彭雅哲。美國中央銀行數位貨幣發展態勢 [J]。中國金融，2021（9）：85-87。

設施建設並沒有阻礙民眾獲取現金。然而卻有近 80% 的被調查者表示，他們很少或從未面臨在商店用現金付款的情況。當越來越少的消費者選擇現金支付時，繼續接受現金支付就不再有利可圖。有一半的零售商認為，他們最遲將在 2025 年停止接受現金作為支付方式，因為現金處理會增加貿易部門的成本；如果現金使用率繼續下降，接受現金的成本最終會變得過於昂貴。

　　總而言之，瑞典的現金使用率近年來持續下降。而且，如果這種趨勢主要是由於消費者和支付者對使用現金的興趣下降，那麼這一趨勢就不會因為現金管道的增加或不變而被打破。因此，簡單地增加現金管道並不能逆轉瑞典現金使用率下降的趨勢。基於此，瑞典迫切地需要一種由國家擔保的無風險支付方式，並能在當前數位化支付的背景下被國民普遍接受，這就引出了電子克朗 [038]。

新加坡

　　新加坡的數位貨幣 Ubin 項目是批發型數位貨幣的代表。截至 2021 年 11 月，Ubin 項目已完成五個階段的試驗工作，包括代幣化新加坡元、銀行間支付和結算、跨境結算、跨幣種結算等，並發布了相應的研究報告。Ubin 項目的試驗將對各國中央銀行數位貨幣的研究帶來積極影響，並將加速跨幣種中央銀行數位貨幣項目的推進。

　　與瑞典不同，新加坡雖然也是一個金融業較為發達且金融創新水準較高的國家，但無現金支付程度並不高。有 76% 的受訪者表示，相較於行動支付等，自己更傾向於使用現金、支票、卡支付等支付方式。此外，71% 的受訪者表示自己在最近一段時間內仍使用過現金。

---

[038]　吳錯文、郭泰麟、閆君濤。案例分析｜電子克朗 [EB/OL]。人大金融科技研究所百家號，[2022-06-29]。

在 2016 年、2019 年等年分中，新加坡的無現金支付總量甚至出現負成長。由於境內的無現金支付以金融機構間的大額交易為主，且對外貿易較為頻繁，新加坡將中央銀行數位貨幣的研究重點放在了面向機構的批發型數位貨幣上，而非面向民眾的零售型數位貨幣。

新加坡的數位貨幣有六個特點。

☑ 數位化的支付：具有實時總結算功能的中央銀行數位貨幣；

☑ 分散化處理：分散式和彈性的基礎設施，沒有單點故障（SPOF）；

☑ 支付隊列處理：統一的隊列系統，具有優先級、保留和取消設施等功能；

☑ 交易的隱私性：只有相關方才能看到交易細節；

☑ 清算的定論性：最終的、不可撤銷的支付指令的結算，具有決定性的最終性；

☑ 流動性改善：實施聯網和擁堵解決算法，以最大限度地提升流動效率。

新加坡的數位貨幣為其他國家在批發型中央銀行數位貨幣方面的研究提供了範本，並成功加速了 Partior —— 由星展銀行、摩根大通和淡馬錫聯合建立的基於區塊鏈的銀行間清算和結算網路 —— 的發展。該項目的成果使銀行能夠使用商業銀行數位貨幣或批發型 CBDC 實現跨幣種實時結算跨境支付 [039]。

加拿大

加拿大的數位貨幣項目名為「Jasper」，目標也是創設批發型數位法幣。雖然加拿大現行的大額支付系統能有效避免使用支票進行結算的

---

[039]　封思賢、楊靖。法定數位貨幣運行的國際實踐及啟示 [J]。改革，2020（5）：68-79。

諸多弊端，但在進行銀行間批發交易時，依然需要提供全額或部分抵押。因此，加拿大希望透過研發法定數位貨幣，來建構新的批發支付系統，以減少抵押品需求，從而提升銀行間支付結算效率和金融系統運行效率。

Jasper 項目實驗分為三個階段：第一階段，建構區塊鏈原型和概念驗證的批發支付系統，以研究中央銀行數位收據在銀行間同業結算中的使用情況，實現模擬資金轉帳。第二階段，加拿大中央銀行使用開源分散式記帳平臺，在分散式帳本上發行等量的數位資產，即 CAD coin。參與銀行將現金抵押品保存到由加拿大中央銀行持有的特殊帳戶中，中央銀行隨即將相等價值的中央銀行數位貨幣 CAD coin 發送到參與銀行的分散式帳戶上，不同銀行間使用 CAD coin 進行交易和結算。第三階段，加拿大中央銀行基於分散式記帳技術，建構一個新的證券支付結算一體化平臺，證明使用分散式記帳技術進行證券清算和結算的可行性，發現將現金或其他象徵性資產（如證券）與分散式帳本系統相結合的優勢。整體上，第一階段和第二階段重點研究運用分散式帳本技術進行銀行間大額現金支付、清算和結算的可行性；第三階段則探索一個全新的證券支付結算一體化平臺，驗證使用區塊鏈技術進行自動和即時證券結算的可行性 [040]。

英國

英國法定數位貨幣的原型是 RSCoin 系統，主要使用了分散式記帳方法和中心化的貨幣管理模式，由中央銀行對數位貨幣的發行進行控制，並在系統中實現數位貨幣的自由兌換。這一數位貨幣使用了分散式記帳

---

[040]　封思賢、楊靖。法定數位貨幣運行的國際實踐及啟示 [J]。改革，2020（5）：68-79。

的方法，確保了數據不容易被修改；仍然採用了傳統的中心化管理模式，讓數位貨幣系統的處理變得較為複雜，可能會影響到整個系統的運行效率 [041]。

2021 年 4 月 19 日，英國財政大臣蘇納克（Rishi Sunak）在一個金融技術行業會議上說，將在財政部和英格蘭銀行（即英國中央銀行）之間成立一個新的工作小組，以協調開發中央銀行數位貨幣的相關探索工作。2022 年 4 月 4 日，英國政府在官網宣布，英國財政部將監管穩定幣，並且正在採取一系列措施來規範和利用加密貨幣，包括比特幣等代幣，還將與皇家鑄幣廠合作推出 NFT，最終目標是「使英國成為全球加密資產技術和創新中心」。對於英國的數位貨幣，蘇納克表示，希望能在未來看到更多的加密貨幣企業在英國出現，可以創造更多的就業機會，而政府也將透過有效的監管，提供長期經營和投資所需的信心給公司和投資人，確保英國的金融服務業始終處於全球技術和創新尖端 [042]。

雖然英國政府看好數位貨幣的發展，但是英國民眾對於數位貨幣卻有他們的考量。由於擔心受到網路攻擊和駭客的威脅，73% 的受訪者不願持有「數位英鎊」；70% 的人擔心可能失去支付隱私；45% 的人擔心「數位英鎊」對環境的潛在影響 —— 關於其他加密貨幣也存在這種爭論。對政府權力的恐懼也是原因之一，62% 的人表示，他們擔心當局會從他們的數位錢包中沒收「數位英鎊」。由此可見，「數位英鎊」可能還有很長的路要走 [043]。

[041]　崔傑。人民幣數位貨幣與境外數位貨幣對接的風險防範研究：基於人民幣國際化視角 [J]。財會通訊，2021（18）：143-146。

[042]　蔡蘇露。英國推進數位貨幣開發的進展與挑戰 [EB/OL]。中國社會科學網百家號，[2021-07-19]。

[043]　「數位英鎊」了解下？英國人：謝謝不必了 [EB/OL]。新民晚報網易號，[2021-09-13]。

挪威

挪威是世界上現金流通量最少的國家，現金交易約占 4%，幾乎 4/5 的個人對個人支付是使用 Vipps 行動支付服務進行的。挪威現在還在採取措施進一步減少現金交易。其銀行系統技術水準位於全球尖端，可以運用機器人與客戶聯絡，同時運用機器人進行貸款申請處理等任務。挪威最大的銀行擁有歐洲經濟區最低的成本收入比。與其他國家相比，挪威的支付服務成本也較低。

挪威中央銀行副行長 Ida Wolden Bache 於 2021 年曾說：「如果我們在未來某個時候引入 CBDC，目的將是維護對貨幣體系的信心，並促成一個高效和安全的支付系統。我們也意識到一個可能的挑戰 ：原則上，CBDC 可能會造成混亂。像其他新的支付方式一樣，它將與今天的存款競爭。但與其他支付方式不同，中央銀行發行的貨幣可能會被視為一種非常安全的選擇。這意味著它可能取代一定比例的銀行存款 ── 尤其是在動蕩時期，這可能對更廣泛的經濟產生嚴重的溢出效應。」[044]

由此可見，挪威數位貨幣更加強調安全以及避免經濟混亂。當前，挪威 CBDC 已經進行到第三階段，主要任務在於對具體細節進行檢驗、評估 CBDC 必要的和理想的特徵，進一步分析發行 CBDC 的動力及影響，總結並系統化整理國際上 CBDC 的新發展等 [045]。

法國

2020 年 12 月，法國中央銀行成功進行中央銀行數位貨幣試驗，首次在私有區塊鏈平臺上使用數位技術結算貨幣基金份額。投資者使用

---

[044]　E L。挪威中央銀行：目前沒有推出數位貨幣的「迫切需求」[EB/OL]。鏈得得搜狐號，[2020-11-10]。

[045]　謝雨桐。挪威銀行中央銀行數位貨幣項目第三階段的情況報告 [EB/OL]。數位經濟法治評論網易號，[2021-12-09]。

CBDC 購買和出售價值 200 萬歐元（約合 240 萬美元）的模擬份額。法國數位貨幣試驗是利用 SETL 提供的分散式帳本技術進行的。SETL 是一家總部位於英國的受監管區塊鏈服務提供商，還提供 CBDC 穩定幣。SETL 的 IZNEZ 紀錄平臺被用來跟蹤基金份額的動向。

「數位貨幣確實是一個必須進行國際合作的領域，這既是為了跨境效率，也是為了金融穩定和貨幣主權。特別是，CBDC 之間的互操作性是一個至關重要的目標。」法國中央銀行行長 François Villeroy de Galhau 說道[046]。法國中央銀行在實驗中，透過實施各種配置的多數位貨幣的安排，對國際互操作性進行了經驗性探索。特別是與新加坡金融管理局（MAS）進行的涉及多個CBDC 的模擬跨境交易，以及與瑞士國家銀行、BIS 創新中心、突尼西亞中央銀行的合作[047]。

日本

日本中央銀行於 2021 年開始數位貨幣的實證試驗，分為三個階段：第一階段創設完整的數位貨幣支付、結算系統，並在此系統上驗證貨幣發行、流通等基本功能；第二階段展開更加複雜條件下的功能測試，如讓數位貨幣附加利息、設定最高限額等；第三個階段選擇一定區域進行發行，對流通中的數位貨幣在實際操作中發現的問題進行不斷完善等[048]。日本數位貨幣必須滿足以下三個條件：數位化、以日元等法定貨幣計價、作為中央銀行的債務發行。

2020 年 10 月，日本中央銀行曾發布一份數位貨幣報告。報告中稱，

---

[046]　胡天嬌。法國中央銀行稱大量批發型數位貨幣的發行或影響貨幣政策傳遞 [EB/OL]。21 世紀經濟報道新浪號，[2021-11-09]。

[047]　胡天姣。法國中央銀行稱大量批發型數位貨幣的發行或影響貨幣政策傳遞，中央銀行必須完全控制 [EB/OL].21 世紀經濟報道企鵝號，[2021-11-09]。

[048]　全球中央銀行布局數位貨幣 [EB/OL]。中國商務新聞網百家號，[2021-06-07]。

「考慮到技術創新的快速發展，未來民眾對 CBDC 的需求有可能激增。從確保整個支付和結算系統的穩定性和效率性的角度而言，必須充分準備以應對情況的變化。」學者解讀這份報告，認為「日本在這個時間節點提出數位貨幣實驗，主要還是想參與到目前日趨激烈的數位貨幣國際競爭當中去」[049]。

● 發展中經濟體

委內瑞拉

「石油幣」是委內瑞拉發行的數位加密貨幣。每個「石油幣」都有委內瑞拉的 1 桶原油作為實物抵押。2018 年 1 月，委內瑞拉總統馬杜洛（Nicolás Maduro Moros）提出了「石油幣」的構想，很快，同年 2 月 21 日，委內瑞拉官方就發行了加密貨幣「石油幣」，進入了預售階段。

「石油幣」的發行與當時委內瑞拉艱難的經濟環境相關。委內瑞拉是世界上原油儲備最多的國家，中國經濟主要以其豐富的石油資源為支撐，石油出口收入占到國家出口總收入的 95％以上，整個國家的經濟狀況與石油價格密切相關。因此，在 2014 年下半年國際原油價格出現大幅度下跌的時候，委內瑞拉財政出現入不敷出的情況。當時的委內瑞拉政府為挽救經濟，選擇大量印刷鈔票來彌補政府財政赤字。糟糕的是，這讓國家陷入了嚴重的通貨膨脹。IMF 統計數據顯示，2013-2017 年，委內瑞拉的通貨膨脹率分別高達 41％、63％、121％、254％和 626％。禍不單行，從 2017 年 8 月開始，美國和歐盟相繼對委內瑞拉實施金融制裁，導致委內瑞拉危機加劇。為改善國家經濟狀況，打破美國的金融封鎖，

---

[049]　何柳穎。日本中央銀行正式啟動數位貨幣實驗，數位貨幣全球性競爭加劇 [EB/OL]。新浪科技，[2021-04-07]。

委內瑞拉政府寄希望於數位加密貨幣 —— 「石油幣」。

然而，委內瑞拉推出「石油幣」的效率雖然高，但是相對於想要解決的問題，在 2021 年初就有人宣告，這個項目基本失敗了 [050]。失敗的原因可能有以下幾點：第一，大眾對「石油幣」的發行方 —— 政府的能力持不信任態度。委內瑞拉政府在「石油幣」的操作細節上並未做詳細說明。而且，委內瑞拉政府不當挪用資產以及法定貨幣玻利瓦貶值 99%的「黑歷史」，讓大眾對此次的「石油幣」有所懷疑。第二，石油產能減少。委內瑞拉政府聲稱「石油幣」以石油作為抵押，然而目前委內瑞拉的石油產量不容樂觀。受政府管理不當、國際石油價格持續低迷以及數年的貪污和債務問題影響，委內瑞拉產油量不斷下跌。2018 年 1 月，委內瑞拉的石油產量降至 160 萬桶，是近 30 年來的最低水準。第三，美國對「石油幣」的制裁。

2018 年 3 月 19 日，時任美國總統川普（Donald John Trump）頒布行政命令，禁止任何美國人或美國境內人員購買委內瑞拉官方推出的「石油幣」，否則可能面臨法律風險。美國對「石油幣」的直接制裁，削弱了國際資本對「石油幣」的購買意願 [051]。

薩爾瓦多

薩爾瓦多是位於中美洲的一個小國，全國領土面積僅有 2 萬多平方公里，2019 年全國人口約為 670 萬。經濟以農業為主，主要盛產咖啡豆和棉花，工業基礎薄弱，是世界上「中低等收入國家」之一，受 2008 年國際經濟和金融危機影響，經濟成長緩慢。

---

[050]　益言。2021 年全球中央銀行數位貨幣研究進展綜述 [J]。中國貨幣市場，2021（11）：70-73。

[051]　委內瑞拉「石油幣」介紹 [EB/OL]。南湖網際網路金融學院搜狐號，[2018-07-03]。

　　2021 年 6 月，薩爾瓦多國會以超過七成的贊成票通過了《比特幣法》，正式將比特幣列為本國法定貨幣。全球從未有過先例，所以薩爾瓦多是第一個將比特幣列為法定貨幣的國家。

　　探究薩爾瓦多將比特幣列為國家法定貨幣的原因，就不得不提及一個人 —— 薩爾瓦多的現任總統，1981 年出生的納伊布・布格磊（Nayib Armando Bukele Ortez）。提到他，就不得不提到他「打擊黑惡勢力」的功績。薩爾瓦多被稱為「世界謀殺之都」，是世界上治安最混亂的國家之一。在薩爾瓦多全國 600 多萬的人口中，兩個最大的黑幫成員數量就超過了 7 萬人，與黑幫有關聯的人口更是高達百萬。

　　除了黑幫，一些恐怖組織的基地也建立在此處。薩爾瓦多人每年都會向黑幫支付超過 7.56 億美元的「保護費」，這筆費用占了 GDP 的約 3%。

　　布格磊成為總統之後，誓要改變這種狀況，採取鐵血手腕，只用了兩年的時間就把犯罪率從日均 9.2 起控制到了日均 3.8 起，得到了全國一半左右民眾的支持，在拉丁美洲頗有聲望。之後，布格磊以全國之力，豪賭比特幣。

　　薩爾瓦多成立了一支 1.5 億美元的基金，專門用來購買比特幣。還在全國設置配套基礎設施，在全國範圍內安裝了 200 多臺能交易比特幣的 ATM，可將個人數位錢包裡的比特幣轉換成美元後直接取出，還免繳手續費。在商品流通交易方面，薩爾瓦多提供優惠的政策，規定商品交易可以用比特幣顯示，稅收也可以用比特幣繳納，還免繳資本利得稅。

　　以布格磊為代表的薩爾瓦多政府不遺餘力地推行比特幣，卻沒有像打擊黑幫那樣得到國民的認可。據薩爾瓦多媒體報道，在一項民意調查中，有 93% 的人反對使用比特幣支付薪水，83% 的人反對用比特幣匯款；甚

至在 2021 年 9 月 15 日薩爾瓦多獨立日，數千名示威者涌上首都聖薩爾瓦多街頭，抗議總統布格磊以專制手段強行推廣比特幣成為國家法定貨幣。

人民的反對不無道理。一方面，比特幣價格容易出現劇烈波動，將其作為法定貨幣，破壞了本國金融市場的完整性與穩定性；另一方面，薩爾瓦多拿國庫投資比特幣，更像是一場賭博，實非現代國家所為。對於薩爾瓦多這樣一個弱小、貧窮、動亂的國家來說，發展經濟確實很難。可能正因如此，薩爾瓦多政府才希望利用比特幣「逆風翻盤」。然而，舉全國之力依靠比特幣，確實不能稱為明智之舉 [052]。

烏拉圭

2017 年 11 月，烏拉圭中央銀行提出了一項為期 6 個月的零售 CBDC 試驗計畫，用於發行和使用烏拉圭披索的數位版本，即 e-Peso 試驗項目。烏拉圭中央銀行強調，「e-Peso 不是一種新型貨幣，而是同樣的烏拉圭披索，它沒有實物支持，但有技術支持」[053]。鑑於現金使用減少的趨勢，烏拉圭將 e-Peso 項目作為更廣泛的政府金融包容性計畫的一部分，旨在開發用於電子支付和促進金融普惠的基礎設施。用戶透過使用由私營公司開發的帶有集成數位錢包應用的智能手機，儲值獲得 e-Peso，可進行即時和點對點轉帳，並在參與該項目的商店使用 e-Peso 進行支付。不過 e-Peso 項目沒有使用區塊鏈技術，測試過程發行了 2,000 萬枚電子披索，測試結束後全部銷毀。烏拉圭中央銀行稱，法定數位貨幣發行是一個反覆試驗、失敗和成功的過程，必須經過長期測試，保證其與傳統貨幣一樣穩健，才能正式實施與推行。

---

[052]　總統親自帶頭炒比特幣，國庫虧損近 2 億美元 [EB/OL]。中國大數據產業觀察網企鵝號，[2022-06-29]。

[053]　Clover。烏拉圭中央銀行推出數位貨幣 [EB/OL]。暴走恭親王搜狐號，[2017-11-07]。

尼日利亞

尼日利亞於 2021 年 10 月 25 日推出了本國的 CBDC —— 電子奈拉。之所以急於推出 CBDC，一是因為尼日利亞面臨通貨膨脹的現實情況，二是因為尼日利亞深受私人加密數位貨幣泛濫的困擾。

尼日利亞法定貨幣奈拉對美元持續貶值，其通貨膨脹率五年來始終維持在 10％以上，2021 年 2 月達到峰值 18％，目前高居 16％。尼日利亞經濟過度依賴能源產業，而全球石油業頻受重創，兼之依賴進口貿易，自身生產能力弱，供應方疲軟，以致陷入持續通貨膨脹。同時，尼日利亞政府腐敗嚴重，管理不善，地區衝突頻仍，也使民眾無法信任法幣奈拉，轉而向加密貨幣尋求保護。2020 年，數據平臺 Statista 調查發現，32％的尼日利亞人擁有或使用過加密貨幣，占比高於世界其他任何國家。過去五年內，尼日利亞在非洲 Paxful 交易平臺上的比特幣交易額高居世界第二，僅次於美國。無論是相對比例還是絕對數值，這個國家的加密貨幣使用量都很驚人。私人加密貨幣的泛濫很可能威脅一個國家的經濟安全。

電子奈拉是尼日利亞法幣奈拉的數位形式，與實物奈拉掛鉤，並受尼日利亞中央銀行直接監管。與私人加密貨幣相比，使用 CBDC 的所有交易都會留下可供追查的「數位足跡」，而這將帶來兩方面好處。一方面，打擊非法資金流動，維護國家金融安全。如果電子奈拉普及，那地下錢莊、網路炒匯等違法管道將無處容身，「博科聖地」等恐怖組織也會受到打擊。另一方面，管理非正規經濟，擴大政府稅基。CBDC 有助於防範逃漏稅，幫助政府增加收入，度過難關。

不得不說，電子奈拉的出現有其必然性，如果運行順利也能夠如預

期那樣解決一系列問題。然而，電子奈拉的推行卻不盡如人意。首先是技術基礎薄弱。尼日利亞北部和農村網際網路普及率低，數位落差成為電子奈拉使用的一道難關。其次是「電子奈拉」應用程式操作困難。起初難以註冊，註冊後又無法在尼中央銀行官網找到對應頁面。經許多用戶投訴後，面向個人的安卓版「電子奈拉」應用程式已暫時從谷歌商店下架。最後是政府公信力不足。暴力、腐敗與不平等導致的一系列安全、政治和經濟危機將尼日利亞推入自 1970 年比夫拉戰爭結束以來最嚴重的動蕩不安中。2019 年的選舉舞弊進一步侵蝕了民眾對尼政府的信任。2020 年透明國際清廉印象指數將尼日利亞視為高度腐敗國家，其透明度世界排名從 2019 年的第 146 位跌至 2020 年的第 149 位，在非洲名列倒數第二。因此，尼民眾難以真正信任電子奈拉。

巴哈馬

巴哈馬中央銀行於 2020 年 10 月推出了面向民眾的「沙錢計畫」（Project Sand Dollar），在全國發行了一個名為「沙元」的零售型數位貨幣。巴哈馬發行零售型數位貨幣的原因，與其地理條件、基礎設施發展程度密不可分。巴哈馬由 700 多個島嶼組成，其中約有 30 個島嶼上有人居住，共 39 萬居民。有些島上並沒有銀行設立網點，很多業務都需要居民跨島嶼辦理，造成了銀行提供服務門檻高、銀行帳戶覆蓋率低等問題。「沙錢計畫」則能幫助未曾得到銀行服務、沒有銀行帳戶的居民，獲得金融服務。對於巴哈馬這樣的新興市場和發展中經濟體來說，數位貨幣能夠更好地落實普惠金融 [054]。

---

[054] KOSSE A、MATTEI I、王鑫。國際結算銀行（BIS）：加速發展：2021 全球中央銀行數位貨幣調查結果 [EB/OL]。國研網，[2022-05-07]。

厄瓜多

2015 年 2 月，厄瓜多推出一種電子貨幣系統，由經濟政策部長 Patricio River Yánez 帶頭，規定「所有公共及私立機構必須和合作性的金融機構一起參與建構該電子貨幣系統」。而且，金融機構必須為「現有的全部服務和將來可能提供的服務」提供電子清償選項，因此每家銀行都要在國有的電子貨幣系統創建帳戶。基於電子貨幣系統，又推出了電子貨幣「厄瓜多幣」。厄瓜多中央銀行（BCE）規定的官方貨幣是美元，因此厄瓜多幣將「與美元等價，並可以兌換成美元」。厄瓜多為南美地區經濟相對落後的國家，工業基礎薄弱，農業發展緩慢，經濟發展面臨困境，又想要在經濟上「去美元化」，增強支付系統的效率，促進國家經濟的穩定，刺激經濟的發展，於是開始試水數位貨幣，厄瓜多幣由此誕生。

厄瓜多幣受到中央銀行的直接監管，並由中央銀行來維持匯率的穩定。只有符合條件的厄瓜多居民，才有權使用厄瓜多幣在超市、商場、銀行等場所完成支付。遺憾的是，一年後，厄瓜多幣在中國的流通量不足整體貨幣交易量的 0.3/10,000，得不到民眾使用的厄瓜多幣不得不在 2018 年 3 月底宣告停止運行。至此，厄瓜多成為世界上第一個嘗試 CBDC 失敗的國家[055]。

● 國際合作

由法國與瑞士聯合發起的 Jura 項目

法國中央銀行與瑞士中央銀行表示，將與瑞士聯合銀行、瑞士信貸、法國國家銀行、瑞士證券交易所營運商、金融科技公司以及國際結算銀行創新中心一起，對批發型數位貨幣跨境結算進行試驗。此次探索

---

[055]　〔中／英〕厄瓜多推出了官方版「比特幣」[EB/OL]。未央網搜狐號，[2015-06-05]。

性試驗稱為 Jura 項目。瑞士中央銀行與法國中央銀行的聯合試驗是歐洲首個對跨境中央銀行數位貨幣支付的探索，關注重點為銀行間的批發貸款市場，而不是日常公共交易。Jura 項目在分散式帳本技術平臺上進行跨境結算，將歐元批發 CBDC 兌換為瑞士法郎批發 CBDC。這意味著，支付將幾乎是即時的，必須經由兩國中央銀行透過數位方式批准後方可生效。

DCEP 領跑，世界各國中央銀行數位貨幣的進展如何？[EB/OL] 得得搜狐號，[2020-09-23]。

由日本中央銀行和歐洲中央銀行聯合展開的 Stella 項目

Stella 是日本中央銀行和歐洲中央銀行聯合展開的研究項目，旨在透過區塊鏈技術為跨境支付提供解決方案。主要針對分散式帳本技術在支付系統、證券結算系統、同步跨境轉帳、平衡機密性和可審計性等領域的適用性進行研究 [056]。

多邊中央銀行數位貨幣橋研究項目

2021 年 2 月，中國人民銀行聯合中國香港金融管理局、泰國中央銀行、阿拉伯聯合大公國中央銀行及中國人民銀行數位貨幣研究所宣布，聯合發起多邊中央銀行數位貨幣橋研究項目。這個項目將透過開發試驗原型，進一步研究分散式帳本技術，實現中央銀行數位貨幣對跨境交易的全天候同步交收結算，便利跨境貿易場景下的本外幣兌換。同時，數位貨幣橋項目還將進一步建構有利環境，讓更多亞洲及其他地區的中央銀行共同參與研究，提升金融基礎設施的跨境支付能力，以解決跨境支

---

[056]　a 巴比特。日本中央銀行和歐洲中央銀行聯合發布 ˇ 有關 Stella 項目第四階段研究結果報告 [EB/OL]。TechWeb，[2020-02-14]。

付中的效率低、成本高及透明度低等難題。根據研究成果,各參與方將評估多邊中央銀行數位貨幣橋在跨境資金調撥、國際貿易結算及外匯交易中應用的可行性 [057]。

第三節
CBDC 對數位人民幣的啟示

數位人民幣屬於零售型 CBDC 之一,其試驗規模及應用場景豐富度等方面處於國際領先位置。在取得顯著研發進展的同時,數位人民幣可能還面臨著更加複雜的國際環境。了解其他國家 CBDC 的研發原因、目標、進展、風險與應對措施等,能夠為數位人民幣的發展提供參考和指引。

● 協調穩定與安全

遵循穩步、安全、可控的原則推進數位人民幣。目前,中國試驗的數位人民幣是對 M0 的替代,即零售型數位貨幣,而零售型法定數位貨幣會對現有的金融體系帶來較大的衝擊,且法定數位貨幣在不同層次的應用、進展,其對應的監管要求也不相同,因而法定數位貨幣的推行需要循序漸進,不可操之過急。比如,引入「監理沙盒」(Regulatory Sandbox)制度,合理選擇試驗驗證地區、場景和服務範圍,為法定數位貨幣的推廣提供一個「緩衝地帶」,觀察使用效果,逐步累積經驗並不斷改善和豐富法定數位貨幣功能,從而穩妥地實現全中國推廣應用。

---

[057] 重磅!中央銀行聯合發起多邊中央銀行數位貨幣橋研究項目 [EB/OL]。央視財經百家號,[2021-02-25]。

● 依法合規研發

盡快制定數位人民幣相關法律法規。現階段，中國暫未制定與數位人民幣相關的法律法規，現行與法定貨幣相關的法律法規都是以傳統實物貨幣為參照物的，不能完全適應數位人民幣的運行和管理要求。因此，亟需推出相關法律法規，以確立數位人民幣的法律主體地位和監管機制。

在制定數位人民幣相關法律的同時，還要完善私人數位貨幣監管法律法規體系，對私人數位貨幣的發行、交易和使用範圍進行嚴格限定。採取必要的風險隔離措施，確保私人數位貨幣不進入實體經濟和金融領域，避免私人數位貨幣風險外溢至銀行、證券、保險等領域。對因違規交易導致風險性事件的私人數位貨幣平臺，採取嚴厲懲處乃至取締等舉措 [058]。

● 鼓勵市場參與

加大數位貨幣技術創新與研究的力度，引導市場力量參與。目前，各國中央銀行大多基於區塊鏈技術研發法定數位貨幣。區塊鏈技術是構造數位貨幣的基礎技術，但目前仍處於不斷發展和完善的過程中，尚存在無法滿足交易高併發量的要求等問題，發行法定數位貨幣還需克服很多技術難題。中央銀行應兼收包括區塊鏈在內的各種成熟技術，透過各種政策鼓勵數位貨幣技術創新，深化大數據、物聯網等數位技術與數位貨幣的融合，增強數位技術對法定數位貨幣的支撐能力。

同時，應該積極鼓勵、支持企業和個人進行數位技術的研發和應用，充分調動市場力量，透過競爭優選來實現系統最佳化，共同開發、共同營運。這有利於整合資源、促進創新，從而加大貨幣數位化的轉型力度。以法國數位貨幣研發為例，法國中央銀行的試驗項目就採用與私

---

[058] 封思賢、楊靖。法定數位貨幣運行的國際實踐及啟示 [J]。改革，2020（5）：68-79。

企合作的方式，採用區塊鏈技術，打造主要用於銀行間交易的數位貨幣。中央銀行在市場多方力量共同參與的過程當中，也應當發揮引導、監管等作用，以保證法定數位貨幣的順利推廣與發展。

● 加強國際合作

2021 年以來，國際結算銀行已經與瑞士國家銀行、法蘭西銀行，澳洲、馬來西亞、新加坡和南非等國中央銀行，以及中國人民銀行、中國香港金融管理局、泰國中央銀行和阿聯酋中央銀行等聯合啟動了若干個多邊 CBDC 試驗項目。為更好地促進形成國際合作成果，中國可加強與國際結算銀行、國際貨幣基金組織、國際標準化組織、國際電信聯盟等帶頭 CBDC 多邊研發與國際標準制定的機構的互動與合作，積極分享中國的實踐經驗並發揮建設性作用，尤其是在通信技術、資訊安全技術以及區塊鏈技術等與 CBDC 結合的創新層面，為其他國家中央銀行提供有益借鑑，全面增強數位人民幣的國際貢獻度。

與此同時，全球 CBDC 發展已呈現出「中美洲國家率先啟動、亞洲國家整體領先、歐美發達國家加速追趕」的清晰格局。包括新加坡、韓國、泰國、馬來西亞、以色列、沙特阿拉伯、阿聯酋、柬埔寨等在內的許多亞洲國家均已進入 CBDC 試驗階段，為中國加強區域研發合作提供了良好契機。尤其是加強與法定數位貨幣研發同樣走在前列國家的合作，可強化自身的金融主權與法定數位貨幣發展的話語權。同時，應借鑑目前人民幣國際化的經驗，制定未來法定數位貨幣在境外使用的技術環境、推廣策略，實現境外流通。在監管時加強合作，尤其加強與其他國家在私人數位貨幣領域的監管政策協調與合作，防止出現跨境監管制度套利 [059]。

---

[059] 包宏。美聯儲發行中央銀行數位貨幣的基本概況、政策挑戰以及對數位人民幣的啟示 [J]。經濟學家，2022（6）：119-128。

第三章

從研發到試驗：漸行漸近的數位人民幣

　　數位人民幣是新時代人民幣的創新，是中國中央銀行與商業銀行等主體共同研發與試驗的結晶。中國研發和試驗數位人民幣受多種經濟社會因素驅動，從理論探討到試驗擴大始終遵循穩步推進、確保安全等原則。在各方主體的不懈努力下，數位人民幣逐漸走入百姓生活，並在不斷探索場景創新中實現技術迭代。

第一節 數位人民幣的驅動因素

　　除了貨幣數位化發展趨勢不可阻擋外，中國研發和試驗數位人民幣主要是由以下五點因素驅動的。

● 社會大眾期待支付工具創新

　　從 1990 年代中期開始，網際網路開始了大規模商用進程，智能終端、電子商務、行動通信等產業快速發展。在這段時期，銀行、證券、保險等金融機構逐步實現網路化，消費者越來越多地使用信用卡、簽帳金融卡、IC 卡、在線支付方式，電子貨幣需求量迅速擴大。後來，興起了一批網際網路平臺企業，如阿里巴巴、騰訊等，為電子貨幣的行動支付提供了有力支持，中國行動支付得以快速發展。社會大眾享有了更加

便捷高效的零售支付服務，也養成了電子支付習慣。新冠肺炎疫情暴發以來，網上購物、遠程辦公、在線教育等數位工作生活形態更加活躍，數位經濟覆蓋面不斷拓展，未開發區、偏遠地區人民群眾對線上金融服務的需求日益旺盛。

● 現金的功能和使用環境變化

隨著數位經濟發展，中國現金使用率呈下降趨勢。2019 年中國人民銀行展開的中國支付日記帳調查顯示，手機支付的交易筆數、金額占比分別為 66% 和 59%，現金交易筆數、金額占比分別為 23% 和 16%，銀行卡交易筆數、金額占比分別為 7% 和 23%，46% 的被調查者在調查期間未發生現金交易 [060]。而且，印鈔廠、造幣廠製造傳統鈔票或硬幣的成本較高，需要特殊的材料，需要防偽技術的支持。管理成本也較高，在運輸過程中會產生磨損、損耗，還需要專門的地方儲存。總之，傳統鈔票或硬幣的設計、印製、調運、存取、鑑別、清分、回籠、銷毀以及防偽反假等環節都會耗費大量人力、物力、財力。但透過數位技術發行的數位人民幣，免去了實體印刷或鑄造的過程，也不需要儲存與調運，省去了一大部分成本。在邁過系統開發的門檻之後，系統運行成本低。

● 全球加密貨幣研發勢頭正盛

比特幣之所以引起了包括中國中央銀行在內的全世界的高度關注，一方面是因為比特幣具備貨幣的基本職能，另一方面是因為比特幣衝擊了傳統的貨幣理論。

首先，比特幣具有記帳單位、價值儲藏、交易媒介、延期支付等貨

---

[060]　楊澤原、丁奇。數位人民幣專題研究報告：數位經濟時代支付基礎設施 [EB/OL]。未來智庫官網新浪財經頭條號，[2022-03-15]。

幣的部分基本職能。比特幣具備一般等價物特徵，可以用來購買虛擬商品，也可以用來購買實物商品，用戶還可以將比特幣「兌換」成大多數國家的貨幣，因此比特幣可以充當交易媒介並且具備延期支付；比特幣本身的可交易性及其「生產」過程使其具有價值並且可以作為價值儲藏。

其次，比特幣顛覆了一部分傳統的貨幣理論。比特幣是虛擬貨幣，不是實物貨幣，這在從自然貨幣到貴金屬貨幣再到信用貨幣的貨幣發展史中，是前所未有的新事物；在保證交易安全與自由的去中心化理念下，比特幣不需要中央銀行，沒有發行機構，這對於當前任何一種法定貨幣來說，都是「改變遊戲規則」之舉；更重要的是，比特幣可以透過網際網路 P2P 的點對點交易實現無國界、跨境流通，再結合去中心化理念下的沒有監管機構、不受任何政府管控，比特幣的跨境交易和流通不會留下交易紀錄。

自比特幣問世以來，私營部門推出各種所謂加密貨幣。但加密貨幣缺乏價值支撐、價格波動劇烈、交易效率低下、能源消耗巨大等缺陷，導致其難以在日常經濟活動中發揮貨幣職能。對此，一些商業機構推出所謂「穩定幣」，試圖透過與主權貨幣或相關資產錨定來維持幣值穩定。有的商業機構計劃推出全球性穩定幣，會為國際貨幣體系、支付清算體系、貨幣政策、跨境資本流動管理等帶來諸多風險和挑戰 [061]。

之所以說比特幣的出現是促使中國研發數位人民幣的原始推力，就是從比特幣改變當今世界傳統貨幣理論的角度而言的。在當今全球貨幣體系下，各個主權國家都發行了法定貨幣，無論是充當商業零售領域的現金支付方式，還是作為國際貿易結算的貨幣支付工具，沒有任何一個

---

[061] 中國人民銀行數位人民幣研發工作組。中國數位人民幣的研發進展白皮書 [EB/OL]。中國政府網，[2021-07-16]。

國家缺乏能夠充當該等職能的貨幣。可以說，比特幣最初引起全球關注的，不是其貨幣功能，而是其「特立獨行」、「改變遊戲規則」的另類舉動。世界各國在關注這個新事物的過程中發現，比特幣除了另類的一面，也有支付便捷、安全、高效、低成本的一面。

● 各國中央銀行積極研發 CBDC

當前，世界主要經濟體均在積極考慮或推進 CBDC 研發。國際結算銀行最新調查報告顯示，在 65 個經濟體的中央銀行中，有約 86％已展開數位貨幣研究，正在進行試驗或概念驗證的中央銀行占比從 2019 年的 42％增加到 2020 年的 60％。據相關公開資訊，美國、英國、法國、加拿大、瑞典、日本、俄羅斯、韓國、新加坡等國中央銀行及歐洲中央銀行近年來以各種形式公布了關於 CBDC 的考慮及計畫，如加拿大中央銀行的 Jasper 項目、新加坡金融管理局的 Ubin 項目、歐洲中央銀行和日本中央銀行聯合展開的 Stella 項目 [062]，有的已開始甚至完成了初步測試。

● 人民幣國際化的策略驅動

目前，人民幣在國際貿易中的應用占比僅在 2％左右，遠低於美元。此外，當前廣泛使用的全球跨境支付系統的邏輯架構始於 1970 年代的電傳系統，各國金融機構間的支付和結算必須依賴各國內部底層支付系統，因此一直存在時效滯後和成本較高的問題，並且在支付安全上受制於美國等發達國家。而數位人民幣作為一種新型貨幣，其支付安全及支付效率都有極大的提升，還能有效改善當前跨境支付中面臨的支付結算速度和支付結算成本等問題。同時，基於數位人民幣建設跨境支付網

---

[062] 姚前。法定數位貨幣的經濟效應分析：理論與實證 [J]。國際金融研究，2019（1）：16-27。

路，可使更多新興市場平等、自主地參與其中，有效推動全球跨境支付體系轉型。另外，數位人民幣的帳戶鬆耦合（loose coupling）特性擺脫了銀行帳戶這一約束，使交易更加便捷和安全。預計越來越多的外國來華人士和中國出境人士將更加深度地使用數位人民幣，這也有助於推動人民幣在境外國家和地區的流通和使用，提高人民幣國際化程度 [063]。

第二節
數位人民幣問世記

2014 年，中國人民銀行就已著手探討數位人民幣的原型架構與運作原理，並為此組建了許多專門機構，一起為數位人民幣的誕生保駕護航。

● 數位人民幣的研發歷程

2014 年，成立法定數位貨幣研究小組，探討法定數位貨幣業務框架、關鍵技術、流通環境、國際經驗等，形成第一階段理論成果。

2015 年，中央銀行對數位人民幣的原型方案進行了兩輪修訂。

2016 年，成立數位貨幣研究所，搭建中國第一代法定數位貨幣概念原型，將電子票據交易平臺作為法定數位貨幣試驗應用場景，啟動電子票據交易平臺封閉開發工作。

2017 年，中國人民銀行數位貨幣研究所正式掛牌，選擇大型商業銀行、電信營運商、網際網路企業參與研發。

2018 年，數位貨幣研究所全資控股的深圳金融科技有限公司成立，

---

[063] 湯奎、陳儀珏。數位人民幣的發行和營運：商業銀行的機遇與挑戰研究 [J]。西南金融，
2020（11）：24-34。

052

南京金融科技研究創新中心和中國中央銀行數位貨幣研究所（南京）應用示範基地成立，開啟了數位貨幣高端研發、科技成果孵化、科技交流合作、數位貨幣加密算法和區塊鏈底層核心技術研發。

2019 年，中國 DC/EP 的「閉環測試」（Closed-loop Testing）開始啟動。模擬測試涉及一些商業和非政府機構的支付方案。同年，長三角金融科技有限公司成立，開啟法定數位貨幣基礎設施建設、試驗場景技術支持、配套研發與測試。

2020 年 1 月，中央銀行表示已經基本完成數位人民幣的頂層設計、標準制定、功能研發、聯調測試等工作。

2021 年 7 月，中國人民銀行數位人民幣研發工作組發布了《中國數位人民幣的研發進展》白皮書，為當下數位人民幣發展研究提供了最新指導（見圖 3.1）。

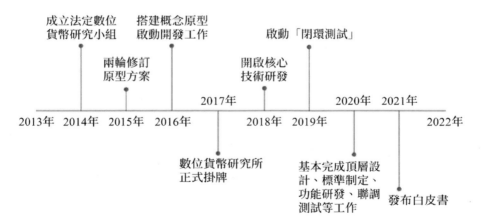

圖 3.1 中國數位貨幣研發大事記
（資料來源：筆者製作。）

● 數位人民幣的試驗建設

2020 年 4 月，中國人民銀行宣布首批「4+1」數位人民幣試驗。在深圳、蘇州、雄安新區、成都以及冬奧場景進行內部封閉試驗測試。

2020 年 4 月 22 日，雄安新區管理委員會組織召開了一場特別的推介會，邀請了麥當勞、星巴克、菜鳥驛站、京東無人超市等 19 家試驗企業店家，以及相關的數位貨幣研發機構。透過發放紅包，讓數位人民幣以最快的速度走進老百姓的生活。為了刺激使用，這類數位人民幣紅包與傳統鈔票紅包不同，屬於「消費紅包」，也就是說，這筆錢不可以用於儲蓄，受領者如果不在一定期限內消費使用，這些數位人民幣就會被收回。

2020 年 8 月 14 日，商務部印發《全面深化服務貿易創新發展試驗整體方案》，在「全面深化服務貿易創新發展試驗任務、具體舉措及責任分工」部分提出，在京津冀、長三角、粵港澳大灣區及中西部具備條件的試驗地區展開數位人民幣試驗。中國人民銀行制定政策保障措施，先由深圳、蘇州、雄安新區、成都及冬奧場景相關部門協助推進，後續視情擴大到其他地區。

2020 年 10 月，增加了上海、海南、長沙、西安、青島、大連 6 個試驗測試地區。海南作為中國唯一全省範圍試驗數位人民幣的地區，在 C 端（consumer，消費者）與 B 端（business，產業或企業）場景上均有諸多應用落地。

2020 年 10 月 8 日，中國廣東省深圳市網際網路信息辦公室發布消息稱，為推進粵港澳大灣區建設，結合本地促消費政策，深圳市人民政府聯合中國人民銀行展開了數位人民幣紅包試驗。該紅包採取「抽籤」形式發放，抽籤報名管道於 9 日正式開啟。在 5 萬名中獎者中，共 47,573

名中獎個人成功領取紅包，使用紅包交易 62,788 筆，交易金額為 876.4 萬元。部分中獎個人還對本人數位錢包進行儲值，儲值消費金額為 90.1 萬元。參加本次活動的羅湖區店家達 3,000 餘家。數位人民幣錢包基本以 App 形式出現，用戶在受邀後方能下載 App。支付方式包括上滑付款、下滑收款，收付款都可選擇掃碼與被掃。

2020 年 12 月，香港金融管理局總裁余偉文在發表的一篇題為〈金融科技新趨勢——跨境支付〉文章中指出，金管局正在與中央銀行數位貨幣研究所研究使用數位人民幣進行跨境支付的技術測試，並做相應的技術準備。據 21 財經報道，此次試驗由中國銀行（香港）和部分銀行員工（約 200 名）以及店家參與測試。

2020 年 12 月 5 日，據蘇州市人民政府新聞辦公室官方微信公眾號「蘇州發布」消息，蘇州市政府聯合中國人民銀行展開的數位人民幣紅包試驗工作當日正式啟動預約。中獎市民已領取紅包人數為 96,614 人，占總中獎人數的 96.61%，參與「雙離線」支付體驗人數為 536 人。已消費紅包金額為 1,896.82 萬元，占發放紅包總金額的 94.84%。支持使用的線下店家超過 1 萬家，線上消費（京東商城）紅包金額為 847.82 萬元，占比 44.70%。

2020 年 12 月 29 日，北京市首個數位人民幣應用場景在豐臺麗澤落地。當天上午，在麗澤橋西的金唐大廈，一家名為「漫貓咖啡」的咖啡店啟動了數位人民幣應用場景測試，獲得授權的消費者可以用數位人民幣錢包支付購買各類商品。

2021 年，數位人民幣試驗區由原來的「4+1」擴大到成都、北京、上海、海南、長沙、西安、青島、大連等地，形成了「10+1」的試驗新格局；在新格局下，試驗區域基本涵蓋了長三角、珠三角、京津冀、中部、

西部、東北、西北等地，能夠十分有效地反映出中國具有差異性的不同區域間的數位人民幣應用前景。

2021 年 4 月 1 日，中國人民銀行研究局局長王信在國新辦舉行的新聞發布會上介紹，數位人民幣將主要用於中國零售支付。此前已在中國多個試驗地區進行測試，測試場景越來越豐富，也考慮在條件成熟時，順應市場需求用於跨境支付交易。

2021 年 4 月 10 日至 23 日，深圳市再推數位人民幣試驗，測試人群再擴充 50 萬名。本次試驗主要以「使用數位人民幣享消費優惠」為核心，優惠總額度為 1,000 萬元。

截至 2021 年 12 月 31 日，中國的數位人民幣試驗場景已超 808.51 萬個，增速迅猛，較 6 個月前增加了 670 多萬個，增幅超過 510%，覆蓋了生活繳費、餐飲服務、交通出行、購物消費、政務服務等各個領域。數位人民幣個人錢包累計創建 2.61 億個，交易金額高達 875.65 億元。據相關機構預測，保守估計，到 2027 年，中國數位人民幣的交易規模將超 5,000 億元，其軟硬體產業升級將帶來 1,400 億元的市場空間。

2022 年，中國在此前「10+1」試驗的基礎上，增加了張家口、天津、重慶、廣州、福州、廈門、杭州、寧波、溫州、金華、紹興、湖州等 12 個試驗城市，形成了 23 地試驗的新格局。

相信隨著數位人民幣技術的不斷成熟，以及試驗經驗的持續推廣，在不久的將來，數位人民幣就能夠真正「飛入尋常百姓家」。

▍第三節
▍從試驗看數位人民幣的優勢

在全中國 23 地兩年多的試驗過程中，數位人民幣表現出多方面優勢：它用起來與微信支付、支付寶一樣方便，不會危害金融系統的安全性和穩定性，其可控匿名性也減少了洗錢、恐怖分子籌資活動等違法犯罪行為，未來還可透過不影響貨幣功能的智能合約進行改善。

● 便利性

數位人民幣可以給消費者和商家帶來很多便利。消費者不用隨身攜帶現金，也不用特地用錢包存放現金。商家也不用在收款時驗鈔，更免去了找零的步驟，提高了人民幣使用的便利性。對於中央銀行（貨幣發行方），也免去了實物人民幣的調運、存取、鑑別、清分、回籠、銷毀、防偽反假等環節。

● 安全性

數位人民幣以國家信用為擔保，避免了網民信用或企業信用的不確定性。它借助於加密技術、分散式帳本等技術，在流通過程中即時、全面地記錄了交易資訊，杜絕了偽造、篡改交易數據的可能，減少了交易雙方的資訊不對等，也減少了支付等交易過程中的逆向選擇和道德風險。監管機構還可依法依規對數位人民幣追蹤溯源，減少洗錢、製售假幣等違法犯罪行為。數位人民幣具有鬆耦合、雙離線、匿名可控等特點，其數位錢包可綁定或脫離銀行帳戶，能有效保護社會大眾的隱私，降低貨幣防偽成本。

● 普惠性

數位人民幣所要求的普惠性，指的是人們在容易獲取數位人民幣的同時，也容易把數位人民幣花出去。普惠性的要求，使得數位人民幣能夠被運用在很多不使用第三方支付的地方，比如，涉及政府的支付場景。在政策的支撐下，很多商業性場所也會加快數位人民幣基礎設施建設，以保障在商業場景上數位人民幣支付的金融普惠性。

● 創新性

數位人民幣的創新性主要展現在其載體上。除數位人民幣錢包外，還有卡片、手錶、手套、手環、徽章等多種「硬錢包」。這些載體可透過近場通訊（near field communication，NFC），幫助用戶順利完成支付。人們可以直接將數位人民幣轉到這些載體中進行支付，轉換的效率與將數位人民幣轉入數位人民幣錢包沒有區別。而數位人民幣具有法償性，轉入此類載體中的數位人民幣，其他機構同樣不能拒絕。此類非接觸NFC支付，更適合在防疫期間使用。

值得注意的是，數位人民幣的創新性還展現在其可以幫助老年人、殘障人士等特定群體實現無現金消費。這些群體操作智能手機可能存在困難，就可以在老年人的手錶、老花眼鏡，甚至手杖，或者殘障人士使用的特定物件上安裝特定芯片，使其成為載體，實現數位人民幣的使用。

概念篇

第四章
數位人民幣的概念、屬性與功能

自 2014 年以來，8 年時間過去了，數位人民幣第一代原型系統已經搭建完成，並開始在中國部分有代表性的地區展開試驗測試。數位人民幣走進人民群眾的日常生活已成趨勢，因此，我們有必要對數位人民幣形成清晰的認識和界定。

第一節
數位人民幣的概念與屬性

數位人民幣雖以新興技術改變了傳統貨幣之「形」，卻未改變信用貨幣之「實」。與此同時，數位人民幣的科技含量頗高，又賦予了人民幣新的內涵，使其具備了全新的法定貨幣屬性。

● 數位人民幣賦予了人民幣新內涵

數位人民幣是人民幣的數位形式，是中國的法定貨幣。兩者具有等價的法償性與價值特性。數位人民幣以科技創新賦能人民幣，使人民幣的內涵與面貌煥然一新，在法定性、價值、技術、實現路徑與應用場景等方面有所突破。

首先，就法定性而言，數位人民幣是中國人民銀行發行的、數位形

式的法定貨幣 [064]，具備記帳單位、價值儲藏、交易媒介、延期支付等基本職能。

其次，就價值而言，數位人民幣仍由中央銀行信用擔保，與實物人民幣無異。數位人民幣可謂資訊時代中央銀行信用的嘗試，是一種新型信用貨幣。

最後，從技術、實現路徑與應用場景來看，數位人民幣由指定營運機構參與營運，採用可變面額設計，具有編程性，以加密幣串形式實現價值轉移，不計付利息。以加密安全技術、中央銀行算法、大數據分析、智能合約等技術為保障，以廣義帳戶體系為基礎，支持銀行帳戶鬆耦合功能，可適用於零售支付、水電煤氣繳費等多場景，不僅將改善資訊時代的金融監管與資金監測，還將在數位經濟中發揮日益重要的作用。

從這三個維度來看，數位人民幣是加密貨幣、算法貨幣與智能貨幣 [065]，突破了法定貨幣的傳統內涵，又不會完全超越法定貨幣的範疇。總之，數位人民幣有利於促進買賣雙方的交易相配，有利於推動資訊時代商品流通，有助於數據與資本的市場化配置。

● 數位人民幣改善了人民幣的屬性

數位人民幣的法償性

自新中國成立以來，中國已經發行了五套人民幣，雖然面額在不同的年代有相應調整，但均是以鈔票和硬幣為表現形式的實物貨幣。人民

---

[064]　中國人民銀行數位人民幣研發工作組。中國數位人民幣的研發進展白皮書 [EB/OL]。中國政府網，[2021-07-16]。

[065]　姚前。理解中央銀行數位貨幣：一個系統性框架 [J]。中國科學：信息科學，2017，47（11）：1,592-1,600。

幣是中國的法定貨幣，以中國的國家信用為基礎，具有無限法償性，由國家法律規定人民幣的法律地位。《中華人民共和國中國人民銀行法》（以下簡稱《中國人民銀行法》）第十六條規定：「中華人民共和國的法定貨幣是人民幣。以人民幣支付中華人民共和國境內的一切公共的和私人的債務，任何單位和個人不得拒收。」

雖然《中國人民銀行法》在當前還沒有確定數位人民幣的法律地位，但其修訂已經提上中華人民共和國全國人民代表大會的立法議程。《中華人民共和國中國人民銀行法（修訂草案徵求意見稿）》（以下簡稱《中國人民銀行法（修訂草案徵求意見稿）》）第十九條明確提出：「人民幣包括實物形式和數位形式。」數位人民幣的地位將得到法律的確認，數位人民幣與實物人民幣都是中國的法定貨幣，並將在一定時期內長期共存，數位人民幣的出現不會立即導致實物人民幣的消失。

數位人民幣的資訊性

數位人民幣以數位形式實現價值轉移。人民幣的數位形式是基於數位化的基本考量，因此，分析人民幣的數位形式需要建立在數位化的分析基礎上。

數位化有三個基本特徵：一是資訊化，將社會生產、生活涉及的一切商業資訊及相關資訊，透過二進制代碼轉換為計算機可識別和儲存的數字，大量數字的疊加形成數據；二是互聯互通，利用物聯網、人工智慧，讓識別和儲存數據的各個節點無縫連接，將資訊時代的資訊孤島轉變為互聯互通的大數據整體；三是智能化，透過大數據和人工智慧分析，為商務和生活場景提供最優方案，或者為參與數據收集和儲存的組織提供決策依據。

數位人民幣作為人民幣的數位形式，不僅僅是貨幣在形態上的改

變。一方面，人民幣從實物形式走向數位形式，能夠使交易更便捷。這一改變對促進商品流通的積極意義，與貴金屬貨幣走向鈔票類似。但是數位人民幣的出現對商品交易的意義，遠大於貴金屬貨幣轉向鈔票的進步。另一方面，人民幣的數位形式也為中國人民銀行履行中央銀行的貨幣政策職能，帶來了數位化管理的升級。

雖然數位人民幣與實物人民幣同為支付即結算，但是數位人民幣的使用相對於實物人民幣的使用而言，並非完全「無痕」。數位人民幣在匿名方面的原則是可控匿名，即零售場景中小額現金交易所需的即時支付可以匿名，大額或特定交易方的即時支付可以溯源。數位人民幣可控匿名即可控溯源的特徵，就是建立在人民幣數位化管理的基礎上的。

對國家而言，人民幣的數位形式有利於中央銀行依照《中國人民銀行法》制定和執行貨幣政策，加強金融領域的合規化管理，指導商業銀行展開反洗錢和反恐怖分子籌資活動的資金監測。建立在數位化基礎上的人民幣的數位形式，將直接推動中國的銀行業務和零售支付業務從資訊時代向數位化時代邁進。數位人民幣從發行、流通、儲存，到「一帶一路」投資、國際貿易支付，都將形成全鏈條數據庫，各個流通環節形成的數據互聯互通，在人工智慧和大數據分析的加持下，將為中國金融市場的國家干預、國家金融系統的長期穩定、系統性金融風險的防範提供強大的監測信息和決策依據。

對數位人民幣的合法持有者和使用者而言，人民幣的數位化將為零售領域即時支付帶來更大的便捷性和安全性。中央銀行在研發數位人民幣和搭建原型系統時，已經充分考慮透過數位憑證體系、數位簽章、安全加密儲存等技術，實現了數位人民幣的不可重複花費、不可非法複製偽造、交易不可篡改及不可否認等特性。相對於本質上屬於第三方企業

信用平臺的支付寶、微信支付等零售交易支付工具，數位人民幣具有更加強大的安全性並兼顧了便捷性。

與實物人民幣的等價性

數位人民幣與實物人民幣完全等價。其具有的價值特徵和法償性，其實是普通民眾最關心的問題。中國崇尚「落袋為安」的文化心理，數位人民幣直接關係到大家的「錢袋子」，卻又是「看不見、摸不著」的新事物。如何說服普通民眾接受數位人民幣，是我們需要思考的問題，不僅需要透過立法確立，也需要在研發設計中加以考慮。

數位人民幣在研發設計中有一個基本理念，就是堅持「安全普惠、創新易用」。數位人民幣本身是一個高科技的產品，是中國經濟由高速發展向高品質發展轉型的數位經濟的代表作之一。但它不能「高大上」或「高冷」，不能不「親民」。在普惠金融的理念下，中國人民銀行設計和發行的數位人民幣不是單單為社會菁英準備的，不是「菁英貨幣」。作為中央銀行發行的法定貨幣，數位人民幣的持有者將是全體中國人民，甚至包括在中國的外國人，以後還會包括境外的國際貿易相對方。

數位人民幣具有與人民幣同樣的價值特徵和法償性，具備貨幣的全部基本職能。或者說，數位人民幣就是國家對數位人民幣持有者的負債，集中表現為數位人民幣與實物人民幣的等價。說白了，數位人民幣就是錢。

儘管理論上講數位人民幣與實物人民幣完全等價，但實踐中大家仍心存疑慮。筆者想起一個很有意思的親身經歷，至少可以說明一些問題。若干年前，菜市場攤販已經開始使用支付寶和微信支付 QR code 收款，通常到菜市場買菜只需要帶著手機，就可以與菜市場攤販無障礙達成零售交易。但是筆者家附近的菜市場就有一個例外，菜市場有位老太太，獨家賣袋裝鮮乳和袋裝巧克力牛奶，她堅持只收鈔票和硬幣。由於

附近「別無分號」賣這兩種牛奶，筆者的家人們又對它們情有獨鐘，因此筆者每隔幾天去買牛奶時，不得不隨身攜帶鈔票。這種糾結的買賣大概持續了一兩年。直到某一天，筆者又前往老太太那裡買牛奶，發現她的攤位擺上了一個嶄新的微信收款 QR code。筆者與老太太閒聊了幾句，她坦言自己是最後一個堅持只收現金的攤主，但她發現其他攤主都在用 QR code 做買賣，方便、快速而且沒有其他影響，也就坦然接受了掃碼付款，最後總算接受了「錢不只是鈔票和硬幣」的事實。

這位老太太的故事告訴我們：一是社會大眾會接受數位人民幣這種新事物；二是社會大眾接受數位人民幣需要過程和時間；三是社會大眾有強烈的從眾心理。向社會大眾推廣數位人民幣，可能讓他們親自體驗更重要。只要有一個人切實體會到其安全、便捷與創新之處，便會向其他人推薦使用。久而久之，便會有越來越多的人接受它。這比專家學者講一萬遍大道理都管用，也勝過金融機構職員不厭其煩地推銷。

● 數位人民幣的發行與流通

數位人民幣的發行主體

中國人民銀行是數位人民幣的發行主體。它作為中國的中央銀行，代表國家行使發行數位人民幣、管理數位人民幣流通的權力，同時代表數位人民幣與實物人民幣具有同等的國家信用、無限法償性和法律地位。在中國，除了中國人民銀行，沒有任何機構享有法定貨幣發行權。相比之下，穩定幣、比特幣等數位貨幣的發行主體與機制與其迥異。

比特幣是完全去中心化的，在區塊鏈的理念下沒有任何一個組織可以決定比特幣的整個交易走向，而 Libra（Diem）透過私人聯盟組織維護其營運。但是，無論是去中心化模式，還是私人聯盟管理，這兩種貨

幣在實質上都是私人機構發行的加密貨幣,都不是由主權國家發行的貨幣,不具有國家信用的背書,也不具有無限法償性。從法理上講,比特幣和 Libra(Diem)的信用基礎都是企業信用或商業信用,而不是國家信用。因此,即便從貨幣發展史或貨幣基本職能的角度來說,不能排除比特幣和 Libra(Diem)成為「貨幣」的可能,但除非像薩爾瓦多政府那樣用立法的方式將其確定為法定貨幣,否則它們就不可能是「法定貨幣」。貨幣發行機構的差別是區分法定貨幣與非法定貨幣的主要因素。

數位人民幣的發行機構是中國人民銀行,並非私人機構。這種法定貨幣性質,使數位人民幣與比特幣、Libra(Diem)有天壤之別,在國家信用、無限法償性、法律地位上存在本質差異。

數位人民幣的發行與流通體制

數位人民幣的中心化管理是其與比特幣的主要區別。比特幣是基於區塊鏈的去中心化模式,沒有中央銀行,依靠複雜的算法和分散式數據庫實現流通。比特幣的匿名特性和交易具有的投機性使其受到追捧,但其匿名性和不受機構監管的交易自由也使其成為滋生洗錢和恐怖分子籌資活動細菌的溫床。

數位人民幣的中心化管理就是賦予中國人民銀行以中央銀行的名義負責數位人民幣的發行和流通管理的權力。數位人民幣採取中心化管理是法定數位貨幣的必然選擇,中國的法律制度也決定了數位人民幣的發行和流通必須採取中心化管理的原則。《中國人民銀行法》第二條規定:「中國人民銀行是中華人民共和國的中央銀行,中國人民銀行在國務院領導下,制定和執行貨幣政策,防範和化解金融風險,維護金融穩定。」第四條第(三)項又規定,中國人民銀行依法履行「發行人民幣,管理人民幣流通」的職責。

　　數位人民幣的中心化管理，有利於國家貨幣政策的正確制定和執行，有利於建立和完善中央銀行國家干預體系、保持貨幣幣值的穩定、實施對金融市場的國家干預，並在根本上促進國家金融系統穩定、國家經濟成長。數位人民幣的中心化管理是與中國經濟社會發展大局、與實現「兩個一百年」奮鬥目標緊密相關的。

　　在明確的中心化管理的原則下，數位人民幣的發行和流通兼顧雙層營運機制（見圖 4.1）。雙層營運機制就是在頂層的中國人民銀行的統一管理下，由中國人民銀行指定營運機構及相關商業機構負責向社會大眾提供數位人民幣的兌換和流通服務。目前，中國主要的國有商業銀行先行步入了數位人民幣指定營運機構的行列，中國銀行、中國建設銀行、中國農業銀行、交通銀行均已展開數位人民幣相關業務。國有商業銀行參與到數位人民幣的流通服務環節，有利於數位人民幣充分利用國有商業銀行成熟的網點資源，更快地走進尋常百姓，也有利於持有數位人民幣的用戶透過國有商業銀行的成熟管道獲得更好的流通服務。

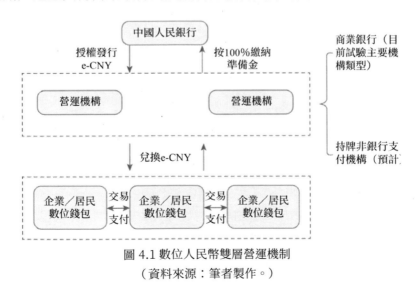

圖 4.1 數位人民幣雙層營運機制
（資料來源：筆者製作。）

● 數位人民幣的廣義帳戶體系

數位人民幣以廣義帳戶體系為基礎，支持銀行帳戶的鬆耦合功能，意味著數位人民幣實現了重大突破。

在物理意義上，耦合是兩個不同的物理系統之間互相影響或能量交換的程度。如果一個物理系統的能量發生變化能夠導致另一個物理系統的能量隨之產生相應變化，就可以稱之為發生了「耦合」。如果我們用一個很通俗的詞語來表示，「耦合」可以說是兩個事物之間存在的「依賴性」。如果兩者之間的依賴性小，就可以說是「鬆耦合」；如果兩者之間的依賴性大，就可以說是「緊耦合」。

從字面上來理解，「支持銀行帳戶的鬆耦合功能」意味著數位人民幣的持有者並不必然需要使用商業銀行的銀行帳戶，換句話說，即便沒有在商業銀行創建銀行帳戶的個人和單位，也可以在零售場景中正常持有並使用數位人民幣並且實現數位人民幣的正常流通。這個消費場景實際上就非常類似我們持有實物人民幣時的購物體驗。

數位人民幣在流通過程中支持銀行帳戶的鬆耦合功能，說明數位人民幣在研發設計時的功能定位就是基於 M0 零售場景的現金支付功能，因此通俗地講，數位人民幣的持有者在消費時，與實物人民幣持有者購買商品的消費行為是一樣的，沒有本質差別。

不僅如此，「以廣義帳戶體系為基礎」，展現了數位人民幣在研發設計上的開放性和包容性。「廣義帳戶」相對於「銀行帳戶」而言。「銀行帳戶」的開設具有嚴格的規範性和資格審慎性，而「廣義帳戶」使得能夠識別數位人民幣持有者特徵的身分標籤都可以成為數位人民幣的流通管道，比如高速公路收費口的車牌識別系統就可以實現數位人民幣的即時扣款繳費。

　　以廣義帳戶體系為基礎的數位人民幣的流通，並非排斥商業銀行的電子帳戶，而是將商業銀行電子帳戶與其他可以識別的身分標籤有效結合起來，同時結合數位人民幣的離線使用功能，實現數位人民幣與指定營運機構（包括商業銀行和經許可的第三方支付平臺）的互補性和通用性。數位人民幣的流通可以務實地利用各家商業銀行和第三方支付平臺的現有成熟管道，實現零售場景支付工具的多樣化、高效性、安全性，在這個過程中也實現了數位人民幣的包容性。

　　數位人民幣流通中的廣義帳戶體系基礎，與對銀行帳戶的鬆耦合功能，是相輔相成的。對銀行帳戶的鬆耦合設計可以更好地實現數位人民幣的現金支付功能，為數位人民幣在無銀行帳戶或離線狀態下的流通提供強大的實際效能。這與數位人民幣在研發設計時的 M0 現金支付工具的功能定位是相吻合的。而廣義帳戶體系為數位人民幣的廣泛應用提供了更加務實的應用基礎，特別是當數位人民幣作為一個新事物處於應用推廣階段時，充分利用各指定營運機構的成熟流通管道，可以避免數位人民幣流通管道的重複建設。

▌第二節
▌辨析數位人民幣

　　僅從抽象的概念進行界定，我們仍然無法全面理解數位人民幣。有的人難以區分數位人民幣和現金；有的人不知道它與比特幣、Libra 的區別；有的人不知道它與微信支付、支付寶支付的區別；有的人覺得手機銀行、行動支付用著很方便，沒有必要發行和使用數位人民幣。下面，我們就來辨析數位人民幣與其他貨幣形式，看看數位人民幣是什麼不是

什麼，領先在哪裡，又不能做什麼。

　　表 4.1 簡要概括了數位人民幣及其相關概念，梳理了數位人民幣與實物人民幣、電子貨幣、虛擬貨幣及私人數位貨幣的關係。接下來，我們來共同探討數位人民幣與各種貨幣形式和支付工具的異同 [066]。

表 4.1 數位人民幣與其他貨幣形式的比較

貨幣形式	數位人民幣	實物人民幣	電子貨幣	虛擬貨幣	私人數位貨幣
發行主體	中央銀行／貨幣當局	中央銀行／貨幣當局	銀行業金融機構	網路營運商	無
適用範圍	不限	不限	網路銀行、手機銀行或非現金支付工具	企業網路	不限
法償性	無限法償性	無限法償性	有限法償性	無法償性	無法償性
發行數量	依法確定	依法確定	取決於法幣	發行主體決定	數量一定
儲存形式	數位	鈔票、硬幣	銀行卡或帳號	帳號	數位
流通方式	雙向流通	雙向流通	雙向流通	單向流通	雙向流通

---

[066] 數位貨幣可作廣義與狹義的理解。廣義上的數位貨幣包括法定數位貨幣或 CBDC。狹義上的數位貨幣僅指私人數位貨幣（private digital currency，又稱私有數位貨幣，指由市場機構或個人設計發行的數位貨幣）。本書從狹義上界定數位貨幣，如無特定說明，本書中的數位貨幣均指私人數位貨幣。本書也明確區分數位貨幣與虛擬貨幣，認為後者只是網路空間裡的貨幣，是遊戲玩家等特定主體觀念中的貨幣。

貨幣價值	依法確定	依法確定	與法幣對等	與法幣不對等	與法幣不對等
信用保障	國家信用	國家信用	國家信用+銀行信用	企業信用	網民信用
交易安全性	較高	較高	較高	較低	較高
交易成本	較低	較高	較高	較低	較低
運行環境	內部網路、網際網路或相關設備	日常生活場景	內部網路、網際網路或相關設備	企業服務器或網際網路	開源軟體及P2P網路

● 數位人民幣與金屬貨幣

提起金屬貨幣，我們首先會想到金元寶、金塊、金幣或銅錢。這些都是中外歷史上曾經流行過的金屬貨幣。從全世界範圍看，金幣、硬幣是最常見和常用的金屬貨幣。誠如馬克思所言，「金銀天生是貨幣，但貨幣天生不是金銀」。金銀的體積小、質地均勻、便於攜帶、易於儲藏，自然而然地成為貨幣的首選。歐洲國家在很長的歷史時期以金幣為本位，直到第一次世界大戰後才逐步取消這種規定，轉變為對貨幣含金量的規定。1971 年，美國政府取消了美元與黃金的掛鉤；1976 年，《牙買加協定》（*Jamaica Accords*）徹底打破了黃金與貨幣的關係。自此，全世界各國的貨幣基本都是信用貨幣，已和黃金等金屬不存在關聯。在中國，貴金屬紀念幣由黃金、白銀鑄造，普通紀念幣由白銅所製，都是特定主題、限

量發行的 [067]。人們用「錢」兌換或購買了這類紀念幣，主要用於增值保值或作為收藏品；它們的發行量較少，不適合充當貨幣。黃金、白銀則更主要作為金融投資品或製作成貴重首飾，很少被用作貨幣。中國當前流通的硬幣由白銅或不銹鋼所製。與用作法定貨幣的金幣、硬幣相比，數位人民幣主要是形態不同。數位形態更有利於商品流通，也就意味著數位人民幣比金屬貨幣更好「使用」，更有可能成為未來調節數位經濟的主要工具。

● 數位人民幣與實物人民幣

實物人民幣就是我們常說的現金。數位人民幣與現金有什麼連繫與區別呢？數位人民幣問世後，是否意味著現金即將成為歷史？這是社會大眾普遍關心的問題。

人們常常有著濃厚的現金情結，非得看得著「錢」、摸得著「錢」才覺得放心。在農村地區、偏遠山區，年邁的大爺大媽們寧願把攢下的辛苦錢藏在床頭櫃裡，也不願存放在銀行。然而由於保管失當，這些錢可能被偷被盜，或被蟲吃鼠咬，或被火燒水浸。中國人民銀行分支機構或商業銀行可以兌換殘損幣，盡量減少他們的損失。此外，假幣也是困擾金融機構與社會大眾的難題。社會中可能充斥一些假冒偽劣的人民幣，甚至商業銀行也會誤付假幣並遭到處罰。社會各界苦假幣久矣！

而數位人民幣有助於解決這些問題。數位人民幣與現金除了形態不同外，營運體系、定位與功能相差無幾。與現金相比，數位人民幣更實現了一些技術進步。既避免了被損壞，又避免了出現假幣。

---

[067]　中華人民共和國貨幣概況（2021 年 5 月）　[EB/OL]。中國人民銀行貨幣金銀局網站，[2021-06-03]。

從長遠來看，數位人民幣可能會取代現金，成為未來生活的潮流，但這並不代表現金會消失。我們通常所謂的現金包括鈔票和硬幣，它們長期以來都是我們常用的支付工具。人們普遍使用電子銀行、手機銀行等支付工具是 2000 年以後的事情。微信支付、支付寶的興起與普及也不過十多年。中國地域廣大，風俗各異，有很大一部分人仍然偏愛使用現金支付。從中國人民銀行的方案來看，數位人民幣將會從替代流通中的鈔票與硬幣入手，但這個替代過程是漸進性的。即便將來研發出個性化的數位人民幣支付工具，國家也不可能、不應當突然取消鈔票這種支付選擇，除非鈔票消亡已成不可逆轉之勢。因此，數位人民幣將與現金長期並存，不會完全取代鈔票和硬幣。目前，數位人民幣仍處於試驗和改進階段，需要進一步研究和解決一些疑難問題。

● 數位人民幣與數位貨幣、虛擬貨幣

數位人民幣是數位化的法定貨幣，與實物法定貨幣等值，其效力和安全性是最高的。數位人民幣屬於零售型、混合型 CBDC，是一種數位法幣，與比特幣、Libra（Diem）等私人數位貨幣之間的區別在於發行主體與技術架構的差異，主要展現為中心化與去中心化的差異。虛擬貨幣主要包括 QQ 幣、各類論壇幣及遊戲幣，僅在虛擬世界或遊戲空間裡被視為「貨幣」，沒有任何價值基礎。比特幣作為一種虛擬資產，不享受任何主權信用擔保，無法保證價值穩定。例如，2022 年 6 月，受市場環境影響，比特幣價格大跳水，這讓一直看好比特幣的特斯拉損失近 6 億美元 [068]。而數位人民幣價值穩定，有國家信用背書，有法定的、絕對的償

---

[068] 大跳水！比特幣跌破 2 萬美元，創 18 個月以來最低價；特斯拉炒幣浮虧 6 億美金，馬斯克看走眼了？[EB/OL]。證券時報 e 公司搜狐號，[2022-06-18]。

付效力。這是中國中央銀行發行的數位人民幣與比特幣等加密資產的最根本區別。

● 數位人民幣與第三方支付

所謂第三方支付，指的是商業銀行支付外的交易媒介、工具或行業。大家熟悉的支付寶、微信支付就是最常見的兩種第三方支付工具。從表面看來，數位人民幣、支付寶和微信支付都以 App 為載體，外觀大同小異，使用流程如出一轍，通用功能也相差無幾。但實際上，數位人民幣和第三方支付有很大的區別。

首先，數位人民幣的效力高於第三方支付。數位人民幣是中國的法定貨幣，是「錢」而非「錢包」，和現金一樣在中國境內具有完全償付能力，它的發行與流通受到法律保護，任何個人和機構都不得拒收數位人民幣。而支付寶、微信支付都不過是一種支付方式，任何個人或機構都可以拒絕接受這種支付方式。

其次，數位人民幣的功能更多、更新，第三方支付無法與之媲美。兩者都具備在線支付、掃碼支付等功能，但數位人民幣還支持雙離線支付、近場支付等全新功能，完美克服了網路中斷、手機無信號等極端情形下的支付難題。換言之，只要支付設備有電，無論收支雙方是否上網、在線，都可以使用數位人民幣支付。在光線暗弱、QR code 無法識別等情形下，兩個手機「碰一碰」也可以完成數位人民幣支付。支付寶、微信支付一般要求收支雙方在線，還受限於網路信號、光源、QR code 清晰度等客觀因素。

再次，數位人民幣支付可以脫離銀行帳戶的束縛，具有更強的安全性、隱祕性和便捷性。眾所周知，支付涉及個人財務變動、資金流動，

大家往往不願意別人或社會大眾知道這些信息。每個人都希望自己的每一筆交易都能順利地結算，不出現資金被盜、支付延遲、重複支付等故障和問題。然而，支付寶、微信可在後臺追蹤個人的所有支付或資金數據，產生「大數據殺熟」等問題。因此，第三方支付的隱祕性不如現金，而且不能脫離銀行帳戶的束縛，換句話說，支付寶和微信支付，需要綁定銀行卡才能使用。使用數位人民幣支付因其「小額匿名」的特徵，很難獲取個人的消費蹤跡，可同時滿足人們對安全性、隱祕性的需求。

最後，數位人民幣的轉出、存入，均不會收取任何手續費；而支付寶、微信支付會在特定條件下收取一定的提現手續費。數位人民幣的轉帳或提現更「便宜」。

● 數位人民幣與銀行帳戶

我們在辦理存取款等業務時，一般會在某家銀行創建一個帳戶，把「錢」存在這家銀行的帳戶裡。銀行帳戶可謂所有交易支付結算的載體，解決了現金不能跨時跨地交易的難題。可見，貨幣與銀行帳戶一般是「緊耦合」的關係。人們若不開通銀行帳戶，就無法成功轉移資金。

數位人民幣依託傳統的商業銀行帳戶，在基本帳戶上增加了數位人民幣錢包 ID 字段。這種設計改變了貨幣與銀行帳戶的關係，可以使貨幣與銀行帳戶呈現「鬆耦合」的關係。也就是說，沒有銀行帳戶，仍然可以使用數位人民幣。這就非常方便來中國旅遊或者臨時出差的國際友人，他們不需要開通銀行帳戶，就可以用數位人民幣進行消費。此外，在試驗地區我們可以看到，數位人民幣可離線支付，也可在可穿戴設備中使用，這也是實現了帳戶鬆耦合的表現。

在第三方支付的過程中，銀行帳戶需要驗證用戶信息，保證支付指令來自客戶本人。而數位人民幣的支付驗證手段，僅需要採取密碼技術和數位憑證等技術，如此可以提升支付的效率。

第三節
數位人民幣的定位及其突破

《中國數位人民幣的研發進展》白皮書在「目標與願景」中提出：「中國研發數位人民幣體系，旨在創建一種以滿足數位經濟條件下民眾現金需求為目的、數位形式的新型人民幣，配以支持零售支付領域可靠穩健、快速高效、持續創新、開放競爭的金融基礎設施，支撐中國數位經濟發展，提升普惠金融發展水準，提升貨幣及支付體系運行效率。」由此可見，當前數位人民幣主要是替代部分 M0，但未來必定會突破這一基本定位。

● 基於 M0 的功能定位

中央銀行負責人在一次專訪中談道，「從歷史發展的趨勢來看，貨幣從來都是伴隨著技術進步、經濟活動發展而演化的，從早期的實物貨幣、商品貨幣到後來的信用貨幣，都是適應人類商業社會發展的自然選擇」，「特別是隨著網際網路的發展、全球範圍內支付方式都發生了巨大的變化」[069]。

由此可見，中國對數位人民幣的研發是建立在中規中矩的貨幣與商品的關係基礎上的，數位人民幣的出現是基於人類商業社會的自然發

---

[069]　周小川行長接受《財新週刊》專訪 [EB/OL]。中國人民銀行網站，[2016-02-13]。http://www.pbc.gov.cn/goutongjiaol.iu/113456/113469/3016856/index.html

展，確立了數位人民幣基於 M0 的功能定位，即將數位人民幣定位為一種零售型中央銀行數位貨幣，主要用於滿足中國國內的零售支付需求。

數位人民幣基於 M0 的功能定位，與全球數位經濟和網際網路的發展緊密相關。促使中國研發數位人民幣的原始推力，來源於國外支付方式出現的新情況，準確地說，來源於以比特幣為代表的加密貨幣的橫空出世。數位人民幣充分吸取了比特幣在交易支付中的便捷性、安全性、低成本的優點。但是中國人民銀行也從一開始就關注到了比特幣的另一面，所以自始至終堅持中心化的基本原則，而不是照搬比特幣的去中心化思路。

順帶一提，數位中國策略並不是數位人民幣研發的原始推力。從時間上看，數位中國策略是 2021 年 3 月《中華人民共和國國民經濟和社會發展第十四個五年規畫和 2035 年遠景目標綱要》（以下簡稱「十四五」規畫）中提出來的，但中央銀行在 2014 年就成立了法定數位貨幣研究小組，中央銀行負責人 2016 年 2 月在專訪中表示，「中央銀行其實很早就開始研究數位貨幣了」[070]。可以說，中央銀行對數位人民幣的前瞻性研發，被納入了後續國家綜合發展策略中數位中國策略的範疇。

● 對數位人民幣供應方與需求方的思考

我們在思考與分析數位人民幣的功能定位時，發現它與中國 M0 現金類支付憑證的現實需求之間存在一些差異。也就是說，中央銀行作為數位人民幣的貨幣供應方，民眾作為數位人民幣的貨幣需求方，兩者之間的相互影響沒有完全同步。

我們認為，數位人民幣展現出的這種供應方與需求方的不同步，與

---

[070]　周小川行長接受《財新週刊》專訪 [EB/OL]。中國人民銀行網站，[2016-02-13]。

數位人民幣本身的功能定位相關。中央銀行對數位人民幣基於 M0 的功能定位是,「數位人民幣是一種面向社會大眾發行的零售型中央銀行數位貨幣,其推出將立足中國支付系統的現代化,充分滿足民眾日常支付需要,進一步提高零售支付系統效能,降低全社會零售支付成本」[071]。

在分析中央銀行數位人民幣上述功能定位的合理性時,我們主要考察了以下兩個事實。

中國國內商業零售領域非現金支付方式的現狀

2021 年,中國的行動支付已經基本覆蓋社會日常生活的主要場景,行動支付便民工程深度布局、普惠城鄉。實體零售和電商平臺(綜合電商及生鮮電商)是行動支付的主要商業領域。一線城市居民月均行動支付支出金額超過 5,000 元,在月均消費額占比超過八成;而五線城市居民月均行動支付支出金額在 3,000 元以上,在月均消費額中占比高達九成[072]。

2021 年,全中國銀行共處理電子支付業務 2,749.69 億筆,金額 2,976.22 兆元,其中行動支付業務 1,512.28 億筆,金額 526.98 兆元;非銀行支付機構處理網路支付業務(包含支付機構發起的涉及銀行帳戶的網路支付業務量,以及支付帳戶的網路支付業務量,但不包含紅包類等娛樂性產品的業務量)10,283.22 億筆,金額 355.46 兆元[073]。

數位人民幣的研發和試驗進展回顧

根據中國人民銀行《中國數位人民幣的研發進展》白皮書,2014 年中國人民銀行成立法定數位貨幣研究小組;2016 年中國人民銀行成立數

---

[071] 中國人民銀行數位人民幣研發工作組。中國數位人民幣的研發進展白皮書 [EB/OL]。中國政府網,[2021-07-16]。
[072] 中國銀聯發布 2021 行動支付安全大調查研究報告 [EB/OL]。新華網雲南頻道,[2022-01-28]。
[073] 中國支付清算協會。2021 年支付體系運行整體情況 [EB/OL]。中國政府網,[2022-04-03]。

位貨幣研究所；2017 年末，中國人民銀行組織商業機構展開法定數位貨幣研發試驗，並選擇部分有代表性的地區展開試驗測試。截至 2022 年 7 月末，數位人民幣試驗已經拓展到 15 個省分的 23 個地區 [074]。截至 2021 年 12 月 31 日，數位人民幣試驗場景已超過 808.51 萬個，累計創建個人錢包 2.61 億個，交易金額達 875.65 億元 [075]。

應該說，數位人民幣的研發和試驗工作取得了很大的成績，但是，從數位人民幣的實際應用角度來看，則並不能說取得了決定性的突破。

數位人民幣展開試驗以來累計產生的 875.65 億元交易金額，只相當於 2021 年度全中國銀行 526.98 兆元行動支付業務金額的 0.017%、2021 年度非銀行支付機構 355.46 兆元網路（行動）支付業務金額的 0.025%。

從上述中國國內商業零售領域非現金支付的現狀來看，銀行電子支付、手機銀行行動支付、非銀行第三方機構網路（行動）支付業務，能夠滿足當前中國城鄉居民對零售支付方式的需求，並且中國現有的零售支付系統效能在全球處於領先地位。從數位人民幣需求方的角度來說，當前中國城鄉居民對一種新的商業零售支付方式的需求並不迫切，因而也就沒有為數位人民幣供應方的研發和試驗進程提供足夠強大的推力。換言之，中央銀行作為供應方發行的定位於 M0 的數位人民幣，並沒有得到需求方的強烈響應。

● 從烏克蘭局勢看數位人民幣破局

「十四五」規畫明確了數位中國策略，無疑將對數位人民幣的研發和試驗產生很好的推動作用，但是，我們認為，從長遠來講，數位人民幣基

---

[074]　李嘉寶。15 省市 23 地區參與試驗 數位人民幣打開消費新藍海 [EB/OL]。中國經濟網，[2022-07-25]。

[075]　國新辦舉行 2021 年金融統計數據新聞發布會 [EB/OL]。國新網，[2022-01-18]。

於 M0 零售型數位貨幣的功能定位還需要新的補充，甚至需要新的突破。

2022 年 2 月 17 日以來，烏克蘭東部地區局勢惡化。烏克蘭局勢問題源於俄羅斯與北約之間在安全問題上的長期分歧，也受到了近些年俄烏自身經濟發展滯後的深刻影響。

俄羅斯 2021 年 GDP 為 1.6 兆美元，只有中國的 1/10；烏克蘭 2021 年 GDP 為 0.18 兆美元 [076]，甚至低於越南同期的 GDP。國家和個人一樣，都有趨利避害的本能。當自身難保的俄羅斯不能給陷入泥潭的烏克蘭任何經濟實惠的時候，投身歐盟就不再只是烏克蘭一個衝動的想法，而成為逐漸清晰的國家策略。儘管發展經濟是烏克蘭制定政策時的主要考量，但是同步加入由美國主導的北約，在軍事上對抗鄰居俄羅斯，就是烏克蘭加入歐盟必須納下的「投名狀」。

俄烏衝突爆發後，地面炮火還沒平息，金融制裁的炮火就呼嘯而來。2022 年 2 月 26 日，美國等西方國家發布聯合聲明，針對俄羅斯在烏克蘭境內採取的軍事行動，決定將部分俄羅斯銀行排除出環球銀行金融電信協會（SWIFT）系統 [077]。SWIFT 的主要特點，一是具有海量的金融電信傳送能力，設計能力達到每天傳輸 1,100 萬條電文，這些電文劃撥的資金以兆美元計；二是電文的格式標準化，SWIFT Code 已成為國際銀行間數據交換的標準語言；三是在全球擁有海量的銀行用戶，在全球跨境貿易支付系統中幾乎形成了「贏者通吃」的局面。SWIFT 在法律性質上屬於非政府組織（NGO），實行會員制，會員都是各國的銀行而不是各國政府。

---

[076] 資料來源：國際貨幣基金組織官網。
[077] SWIFT 總部在比利時布魯塞爾，是由來自美歐國家的銀行在 1973 年 5 月成立的非營利性國際組織。中國的國有商業銀行也加入了 SWIFT。

正因如此，美歐宣布將部分俄羅斯銀行排除出 SWIFT 支付系統，實際上就使俄羅斯銀行機構幾乎與全球銀行系統斷了連繫，俄羅斯在國際貿易中的跨境收付款遇到了重大挫折。當然，俄羅斯經濟沒有因此坍塌。其一，歐盟當前嚴重依賴俄羅斯能源，沒有將全部俄羅斯銀行機構排除在 SWIFT 系統之外，留下了國際能源貿易跨境支付的「後門」；其二，中國和俄羅斯的雙邊貿易可以採用人民幣結算，中國也開通了人民幣跨境支付系統（CIPS），有能力完成中俄雙邊貿易的國際支付。

儘管如此，美歐用排除出 SWIFT 的手段來制裁俄羅斯，對俄羅斯的經濟發展來說無疑是雪上加霜，這一事件在中國引發了熱烈討論。意見基本分為兩派，一派認為中國的國際金融局面危機四伏，另一派認為美歐不可能把用於俄羅斯的這些金融制裁措施應用在中國。

事實上，CIPS 建設和人民幣國際化近年來已經取得了很大進步。CIPS 於 2012 年 4 月 12 日開始建設，2015 年 10 月 8 日正式啟動。人民幣在境外已經有了一定範圍的現金流通，人民幣作為國際貿易的計價貨幣、結算貨幣、融資貨幣、投資貨幣都已經有了明顯進展，甚至有部分境外實體已經把人民幣作為貯藏貨幣。

2021 年跨境人民幣的結算量達到了 36 兆元，同比成長 28.9％，其中貨物貿易項下人民幣跨境結算量達到了 5.77 兆元，較上年成長 20.7％ [078]。同期，中國進出口商品總值為 6.05 兆美元 [079]，約合 39.1 兆元人民幣，同比成長 30％。

---

[078]　中國銀行。2021 年人民幣國際化白皮書：跨境供應鏈中的人民幣 [EB/OL]。中國銀行網站，[2022-06-02]。
[079]　資料來源：海關總署。

●2021 年貨物貿易

項下人民幣跨境結算量約占同期中國進出口商品總值的 14.74%，結算量和占比都有了明顯成長。CIPS 在國際貿易中取得的成果，也為數位人民幣下一步的加速發展奠定了堅實基礎。

另外，在加速數位人民幣發展的過程中，還有一點是我們不能忽視的，就是應當借鑑比特幣基於區塊鏈、算法和加密技術實現的無國界、跨境流通。比特幣不受任何機構管控的 P2P 跨境交易，雖然與中央銀行堅持的中心化管理相悖，但是比特幣的缺陷經過技術改造後，在不違背中心化管理的前提下，可能成為數位人民幣的另一個優勢。CIPS 在得到數位人民幣的加持後，會使中國獲得更加穩定可靠的國際貿易環境。

最後，我們從當前國際社會熱點中獲得的前車之鑑，就是要未雨綢繆，實現數位人民幣的長足發展。俄羅斯遭受的西方金融制裁，客觀上要求中國加快數位人民幣的研發和試驗步伐，將數位人民幣與 CIPS 建設、人民幣國際化緊密結合起來，擴大數位人民幣最初的功能定位，從擴大需求方響應的角度，為數位人民幣的發展提供更加強大的推力。

第五章

數位人民幣的形態、獲取與用途

數位人民幣是促進中國支付方式可持續發展的推動力。它的形態與實物人民幣、銀行帳戶等既有區別又有連繫。它依託 App、數位錢包等存取、流通，不僅可用於零售支付的多種場景，亦可用於監管、調節等領域，極大地拓展了實物人民幣的服務範圍。

第一節
數位人民幣的理念與形態

● 數位人民幣的理念

首先，滿足民眾日常支付的需求。隨著數位技術及電子支付發展，現金在零售支付領域的使用日益減少，廣大民眾更傾向於直接使用電子支付方式。沒有銀行帳戶的社會大眾可透過數位人民幣錢包享受基礎金融服務，短期來華的境外居民可在不創建中國境內銀行帳戶的情況下使用數位人民幣錢包，滿足在中日常支付需求。

其次，支持零售支付領域的公平、效率和安全。中國政府一直支持各種支付方式協調發展，數位人民幣將為民眾提供一種新的通用支付方式，可提高支付工具多樣性，有助於提升支付體系效率與安全。數位人民幣與一般電子支付工具雖然功能相似，但也存在一定差異：一是數位

人民幣是國家法定貨幣，是安全等級最高的資產；二是數位人民幣具有價值特徵，可在不依賴銀行帳戶的前提下進行價值轉移，並支持離線交易，具有「支付即結算」特性；三是數位人民幣支持可控匿名，有利於保護個人隱私及用戶資訊安全。

最後，積極響應國際社會倡議，探索改善跨境支付。外國人來到中國後，可以在沒有銀行帳戶的情況下輕鬆創建數位錢包，像使用實物人民幣一樣使用數位人民幣。數位人民幣具備了跨境結算功能，能夠在全世界範圍發揮更大的影響力。

● 數位人民幣的形態

數位人民幣的面額

數位人民幣的面額與實物人民幣有差異。比如，數位人民幣有 200 元的面額，超出了目前實物人民幣的最大面額。實際上，數位人民幣採取的是可變面額設計，以加密字符串形式實現價值轉移。也就是說，數位人民幣不再採用固定面額，有零有整也能形成面額，0.01 元、0.03 元、1 元、10 元都能夠獨立成為「面額」，並配有獨立的數位人民幣表達式。所謂的數位人民幣表達式，也可以理解為一串加密字符串，是數位人民幣的價值憑證。每一筆數位人民幣，不論是儲值、收款還是付款後的餘額，都會產生一個唯一的表達式。舉例來說，用戶 A 先在數位人民幣帳戶中儲值 10 元，形成了一個 10 元的數位人民幣表達式。此後，用戶 A 用帳戶裡的數位人民幣轉帳 1 元給用戶 B，用戶 B 的帳戶中就出現了一個完全不同的 1 元的數位人民幣表達式；而用戶 A 的帳戶中剩下的 9 元，又擁有了一個全新的數位人民幣表達式。

數位人民幣的外觀

數位人民幣以數位形式發行與流通，實際上表現為一連串數字，與票面色彩和面額無關。實物人民幣就不一樣了。各商業銀行負責分發各種面額的人民幣，100 元面額的鈔票都是紅色的，50 元面額的則都是綠色的。據觀察，不同營運機構設置數位錢包的界面時，借鑑了部分人民幣的圖案與色彩，使用戶數位人民幣本身存在某種「外觀」上的錯覺。比如，中國建設銀行的數位人民幣錢包界面是藍色的，中國農業銀行的數位人民幣錢包界面是綠色的，中國銀行的數位人民幣界面則是紅色的。消費者在中國建設銀行兌換的數位人民幣，不論是 1 元、10 元還是 100 元，都會呈現於藍色的界面上；而在中國銀行兌換的數位人民幣，則都會呈現在紅色的界面上。這些不同的顏色僅僅是不同銀行的代表，並不代表數位人民幣的面額。

第二節
數位人民幣的獲取與用途

● 獲取數位人民幣

一是可以透過中獎獲得。數位人民幣在推廣階段，在很多城市都展開了抽紅包活動，人們參與抽籤，中獎者即可獲得相應的數位人民幣紅包。以 2021 年 2 月成都發放數位人民幣紅包為例。成都共發放了 20 萬個、總金額 4,000 萬元的數位人民幣紅包，金額分為 178 元和 238 元兩檔。消費場景覆蓋線上和線下。其中線下可在成都市商超連鎖、熱門景點、特色餐飲、青年創業基地等 1.1 萬餘個已完成數位人民幣受理環境改造的店家（門店）進行消費；線上可在京東商城指定自營商品範圍內使用。

二是可以直接去相關銀行網點申請。居民去銀行網點申請開通數位人民幣錢包，銀行工作人員會出示一個 QR code，居民掃碼後，工作人員會指導用戶進行申請。一般最遲「T+2」（交易日之後兩天）就可以開通，有些銀行可實現當場開通。

三是可以在數位人民幣相關試驗活動的現場申請辦理。各大銀行都在加大推廣宣傳力度，活動現場會邀請消費者體驗數位人民幣，並以最快速度開通權限。

四是嘗試在手機銀行管道提出申請。各大銀行向目標用戶主動發送了邀請簡訊，收到簡訊的客戶只要登錄手機銀行，點擊「數位人民幣」圖標就可以開通申請。

五是透過銀行 ATM 兌換。已經有很多銀行的 ATM 上線了數位人民幣兌換功能，可以把手裡的現金兌換成數位人民幣。

● 數位人民幣錢包

數位人民幣錢包是數位人民幣的載體和觸及用戶的終端。按照載體形式、客戶身分識別強度與權限歸屬，可以分為以下諸多類型 [080]。

「軟錢包」與「硬錢包」

眾所周知，我們需要一定的載體來存取和使用日常零用的錢。在鈔票流行的年代，我們用皮包或紙袋裝錢；如今，我們可用手機銀行、支付寶或微信「裝錢」。從載體形式來看，數位人民幣主要存放在「軟錢包」和「硬錢包」中。其中，「軟錢包」可被理解為軟體錢包，基於行動支付 App、軟體開發套件（SDK）、應用程式介面（API）等，透過支持

---

[080]　中國人民銀行數位人民幣研發工作組。中國數位人民幣的研發進展白皮書 [EB/OL]。中國政府網，[2021-07-16]:12-14。

數位人民幣的智能應用實現錢包功能。例如,「數位人民幣(試驗版)」App 中的各營運機構銀行的數位錢包、各營運機構銀行 App 中的數位錢包等。

並非全中國各地都能用「數位人民幣(試驗版)」App,僅限數位人民幣試驗地區:北京、天津、張家口、雄安新區、大連、上海、蘇州、杭州、寧波、溫州、湖州、紹興、金華、福州、廈門、青島、長沙、廣州、深圳、重慶、成都、西安等地,以及海南省。使用「軟錢包」不必擔心數位人民幣丟失、被盜,支持離線支付,支持藍牙或 NFC 等通信方式,可以與手機終端或收款終端同步。

「硬錢包」也就是硬體錢包,本質在於擁有硬體安全單元,具體形式有 IC 卡、可穿戴設備、物聯網設備等。同樣可提供賣出、買入、圈存、題款、消費、轉帳、查詢等基本功能。目前,已面向老年人推出加載健康碼功能的「硬錢包」產品,在提供安全便捷支付功能的同時,還可以便利老年人在常態化防疫時期的日常出行。

2022 年 3 月,中國銀行、中國電信和國家電網率先在雄安新區將數位人民幣「硬錢包」應用於新能源汽車充電場景,探索實現物物支付新技術落地。將數位人民幣「硬錢包」分別置於電動車充電口和充電槍,在車主為車輛充電時,充電設備可以自動讀取車主錢包信息並開始計費;在充電結束時自動完成扣款,無須車主主動進行支付操作,實現了無感支付的充電體驗。

四種類型的錢包

我們都有存取款或買賣商品的經歷,除了現金交易只需清點或找零外,每次用錢時都要進行驗證,要麼掃描 QR code,要麼輸入密碼,要麼「刷臉」掃描虹膜。這就是客戶身分識別與驗證,是所有金融服務的

必經程序之一。按照客戶身分識別強度不同，數字人民幣錢包可分為一類錢包、二類錢包、三類錢包和四類錢包。

四類錢包，又稱非實名錢包，是准入門檻最低的一類錢包。客戶只需向數位人民幣營運機構提供手機號碼，就可以輕鬆辦理。它最大限度地延承了傳統鈔票的「無記名性」，要求用戶關聯手機信息更多的是為了明確數位貨幣的所有權歸屬，並提供 App 登錄信息。但也正因為身分關聯性弱，它的交易限額也是四種類型錢包中最低的，餘額不得超過 1 萬元，單筆支付金額不能超過 2,000 元，每年的累計支付限額不得超過 5 萬元。如果用戶一天內需要完成 5,000 元以上的數位人民幣支付，那麼四類錢包的交易權限就不夠了，用戶可以透過升級錢包來解決這一問題。

身分識別強度更高一級的三類錢包，擁有著比四類錢包更高的交易限額。用戶只要在手機號之外，再提交身分證件信息，就可以將四類錢包升級為三類錢包。三類錢包與四類錢包一樣，都可以遠程創建，無須綁定銀行帳戶，相對而言實名程度並不高，但是使用限額要比非實名錢包高得多：三類錢包的餘額上限被提高到 2 萬元，單筆支付限額被提高到 5,000 元，每日最多可累計支付 1 萬元，而每年的支付累計則沒有設置限額。

二類錢包是實名程度較高的一類錢包。雖然也可以遠程創建，但辦理時需要關聯本人境內銀行帳戶等信息。二類錢包在使用限額上，將餘額上限、單筆支付上限以及日累計支付上限分別提高到 50 萬元、5 萬元和 10 萬元，可以適用於大額支付交易；並且還支持個人數位錢包內的數位人民幣與綁定銀行帳戶存款之間的互轉。

一類錢包是實名程度最高的錢包。用戶要升級至一類錢包，只能到

現場核驗申請人身分和銀行帳戶資料，不支持遠程創建。雖然門檻較高，但一類錢包卻是唯一不做任何交易金額限制的錢包，真正達到了與取用鈔票一樣的效果。

上述四類錢包的異同可參見表 5.1。

表 5.1 數位人民幣錢包的類別與差異

錢包類別	開立地點	實名程度	交易限額	是否綁定銀行卡
一類錢包	現場	★★★★	無	是
二類錢包	遠程	★★★☆	★★★☆	是
三類錢包	遠程	★★☆☆	★★☆☆	否
四類錢包	遠程	★☆☆☆	★☆☆☆	否

資料來源：筆者製作。

「母錢包」和「子錢包」

數位人民幣錢包按權限歸屬，可分為「母錢包」與「子錢包」。「母錢包」是指中央銀行指定的九大數位人民幣營運機構的錢包，包括中國工商銀行、中國農業銀行、中國銀行、中國建設銀行、交通銀行、中國郵政儲蓄銀行、招商銀行、網商銀行（支付寶）、微眾銀行（微信支付）。在「母錢包」之下，用戶可按照個人需求自由開設若干「子錢包」，將「子錢包」推送至其支持的商戶（App），便可在該店家使用數位人民幣進行支付。

「子錢包」的概念可這樣理解，它是基於不同用處而設定的分場景或分機構的細小錢包，其作用是讓「數位人民幣（試驗版）」App 能夠連接更多的店家，使數位人民幣在電商消費、交通出行、本地生活等分場

景、分機構中的使用變得更加暢通無阻。「子錢包」具有管理便捷、場景多元、隱私保護等多重優點。創建「子錢包」後，個人用戶可實現限額支付、條件支付和個人隱私保護等功能；機構用戶則可實現資金歸集及分發、財務管理等特定功能。

舉例來說，使用過支付寶、微信支付等第三方支付平臺的消費者應該都有過支付方式不被某些平臺和場景支持的經歷。例如，餓了麼、淘寶無法使用微信支付，京東、美團不支持支付寶支付。但隨著數位人民幣試驗的不斷推廣，更多的應用場景將被拓展，與數位人民幣「子錢包」產生連接，消費者使用「子錢包」支付數位人民幣時，就不會陷入「不支持該支付方式」的窘境了。

2022 年 4 月 6 日，京東數據顯示，自 2020 年 12 月接入數位人民幣試驗以來，京東線上已綁定「子錢包」超 350 萬個，超過 200 萬人進行了 330 萬筆數位人民幣交易，累計交易金額超過 2.2 億元。美團數據顯示，截至 2022 年 3 月 6 日，超過 300 萬個數位人民幣「子錢包」被推送至美團 App，超過 250 萬用戶在美團用數位人民幣消費。透過「子錢包」推送，數位人民幣可以連接、支持更多店家，應用場景不斷得到完善。

● 數位人民幣的用途

消費者個體

支付功能、收款功能與轉帳功能。消費者在支付數位人民幣時，可用手機掃描商家提供的 QR code，也可由商家用 POS 機掃描消費者的付款碼，或者消費者直接用手機和商家的支付碼牌「碰一碰」。值得再次強調的是，消費者在沒有網路的情況下，同樣可以使用數位人民幣。數位人民幣的重要功能創新之一，就是保障其在一些網路不順暢的地方，如

地下室、停車場、山區，也能正常使用，徹底擺脫了網路對行動支付行為的約束，大大賦能了數位人民幣使用場景的多元化。

數位人民幣離線支付功能主要依託 NFC 技術實現。NFC 是一種近距離高頻無線通信技術，傳輸距離小於 10 公分，採用點對點通信，無須第三方設備中轉傳輸信號。與生活中常見的「刷交通卡乘車」的機制相似，安裝了「數位人民幣（試驗版）」App 的手機與 NFC 標籤、其他手機、POS 機、可穿戴設備等「碰一碰」，都可以完成支付。這一技術採用芯片硬體加密和軟體加密，不到 0.1 秒就可以完成點對點的加密通信，能夠充分保障支付安全。但仍需指出的是，要使用雙離線功能（見圖 5.12），支付設備必須支持 NFC 功能，因此在實踐中，一些「老人機」就無法進行離線交易。

預付式消費功能。預付式消費，指的是商家在提供商品或服務前，往往會以一定優惠（如儲值打折、儲值溢價等）來吸引消費者預存一定金額的錢，即所謂「儲值」，日後使用時再從預儲值金額中劃扣。預付式消費是一種廣泛存在、早已為大眾接受的消費模式，常見於商場、超市、理髮店、健身機構、影城、兒童遊樂場等。但一直以來，預付式消費始終伴隨著許多負面新聞，最常見的就是商家倒閉後的「追償難」問題、消費者想要終止消費的「退款難」問題，以及消費者維權的「舉證難」問題。這些頻頻「爆雷」的預付式消費，不僅讓消費者望而卻步，也嚴重影響了市場秩序。

而數位人民幣在預付式消費場景下的使用將在一定程度上解決上述問題。舉例來說，教培行業的預付式消費模式一直以來備受市場關注。預收學費被挪用、退費時間跨度久，甚至無良機構卷款跑路等問題，都成為教培市場的痛點。深圳福田落地中國首個預付資金數位人民幣智能

合約創新應用平臺,並首選教培行業進行試驗。消費者在該平臺使用數位人民幣繳費後,預付資金將被「凍結」在數位人民幣錢包中,並按照上課次數等不同核銷方式,透過數位人民幣底層技術實現預付資金「一筆一清、一課一釋」。當由於培訓機構倒閉或者其他原因出現提前結課需求時,消費者可以隨時提出退還預付款的申請。服務平臺將快速計算出未核銷金額後,向消費者帳戶退款(見圖5.13)。

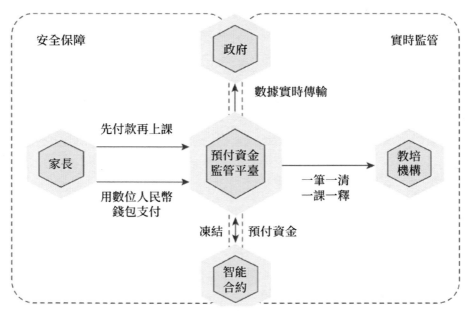

圖5.13 數位人民幣預付式消費平臺商業模式
(資料來源:筆者製作。)

數位人民幣在預付式消費場景中的應用價值,其一展現在智能合約技術可以賦能監管手段,以達到預付交易資訊完備、環節透明的目的;其二展現在對於消費者,數位人民幣預付資金透過智能合約監管,具有不可篡改的特性,將獲得預付資金的安全保障,可使預付款的風險降至最低,防止合法權益受到侵害;其三展現在對於預付式消費機構,數位

人民幣智能合約的應用可幫助其提供更好的消費體驗，贏得市場、贏得消費者。

政府部門

轉移支付新工具。2022 年 5 月 6 日中午，蘇州市 32 歲的「餓了麼」外賣小哥陳某收到了 100 元數位人民幣。這是一項從 2 月 14 日起開始實施的社會關愛活動。蘇州用市縣兩級黨費，總計支出 580 多萬元設立了一項「海棠暖心關愛金」，透過「蘇周到」App 以數位人民幣的形式，面向蘇州持續參與一線保證供給、積極配合核酸檢測等防疫工作的專職快遞員、外賣配送員發放，發放對象 5.8 萬餘名，每人 100 元。事實上，數位人民幣的中心化管理、銀行帳戶鬆耦合、支付過程可回溯等特徵，使它能夠更好地幫助政府實現轉移支付。在一些惠民項目中，民生資金如果以數位人民幣的形式投放，可以展現兩重優勢：首先，這筆資金可以直接進入指定對象的數位人民幣錢包中，並且資金流向可以受到全程監管，從而杜絕了虛報冒領、截留挪用的可能性；其次，領取對象無須關聯銀行帳戶即可取用，降低了資金的獲得門檻，也增加了資金的使用便利性。

打擊違法犯罪行為。數位人民幣有利於打擊詐騙、腐敗、洗錢、逃稅漏稅、恐怖組織融資等違法犯罪行為。由於中央銀行發行的數位人民幣依託區塊鏈技術，具有安全性高、有限匿名、可追溯等特點。而傳統現金一旦脫離金融機構，就難以追蹤和監測，成為不法分子進行非法交易時的首選。隨著數位加密技術和算法在數位貨幣上的應用，貨幣的來源、去向、支付金額及頻率，甚至數位貨幣本身均可進行分析，一旦發現異常交易就可以追溯，有助於打擊地下經濟。對於一些政府人員的收入也可以做到定期核查，警戒權力尋租和腐敗行為，有助於打擊灰色收入。

提升金融監管效率。數位貨幣的流通和支付,彌補了金融監管制度的空白,有助於維護金融穩定。尤其是在網際網路金融整治過程中,因產品設計複雜、存在資金池等問題,容易產生監管空白,增加了金融監管難度。數位貨幣很好地克服了網際網路金融的多重風險,從而提升了金融監管效率:一是資金損失風險;二是客戶信息泄露風險;三是局部金融風險向系統性風險蔓延。同時,中央銀行—商業銀行的發行流通體系,也可以基於數位貨幣,化解商業銀行資本充足率低等難題,甚至協助宏觀貨幣政策的實施。

提高監管透明度。傳統貨幣體系存在貨幣傳遞效率不高,甚至資金集中流向房地產等領域的問題,增加了調節難度,但是在數位貨幣體系中,貨幣流動性被記錄,有助於實現垂直化支付,從而提高監管透明度,提升資金使用效率。首先便是實現財政資金的專款專用;其次是可以監控商業銀行資金投向,避免集中流向房地產等行業;最後是提高中央撥款的使用效率,實現養老金和社保的全國一體化管理,企業補貼和低息貸款也能流向更多中小微企業。

市場

刺激市場消費新利器。將數位人民幣結合消費券以數位紅包的形式發放,是目前試驗地區較為普遍的做法。作為數位人民幣試驗城市的浙江金華,於 2022 年 5 月 16 日啟動了為期一個半月的活動,向指定平臺登記人員發放 3 億元消費券 [081],用以進一步提振受新冠肺炎疫情影響的市場信心、釋放消費潛力。在發放的消費券中,有 1.5 億元為普惠消費券,任何本地持有營業執照的實體店都可以經過發券平臺審核後參與活

---

[081] 藍媒聯盟‧金華廣電融媒體。金華成省內首個發放數位人民幣消費券城市 [EB/OL]。快資訊,[2022-05-12]。

動；另外 1.5 億元則為權重商品消費券，消費者中獎後，僅可作為針對
汽車、家電等權重商品的消費補貼使用。為推廣數位人民幣，在本次發
放的普惠消費券中，將有 10%以數位人民幣紅包的形式進行發放。紅包
均為「滿 200 元減 100 元」券，由發券平臺公開隨機產生紅包中獎者，
中獎者下載「數位人民幣（試驗版）」App 即可在試驗場景內使用。

第六章

數位人民幣的機遇、風險與治理

　　數位人民幣的試驗與推廣，涉及引導、宣傳、培訓及環境改造等諸多工作，是一項需要各方廣泛參與的系統性工程。中國採取「先技術後制度」模式，中央銀行主導數位人民幣的研發與試驗，商業銀行、地方政府職能部門協同，尚無正式發行數位人民幣的「具體時間表」[082]。這種模式雖有利於金融創新探索，卻存在法律依據不足、各項機制缺乏立法支持等問題。數位人民幣面臨著一系列機遇與風險，中國亟需制定與試驗適配的法律制度，為數位人民幣的試驗及推廣應用保駕護航。

▋ 第一節 數位人民幣的發展機遇

● 制度保障

　　中國的政治制度和社會制度是推動數位人民幣生態系統發展的最重要的制度保障，決定了中國的貨幣與金融系統是為人民和社會服務的，與當前以美元為主導的國際貨幣與金融體系所代表的全球私人資本利益存在本質上的不同。數位人民幣既然是為人民和社會服務的，也就決定了它可以在公共部門主導下，在維護國家貨幣主權的基礎上，積極參與

---

[082]　數位人民幣何時正式推出？中央銀行：目前還無時間表 [EB/OL]。中國經濟網，[2021-04-13]。

全球金融、貨幣體係數位化轉型與升級建設，推動人民幣國際化發展，提升人民幣國際地位。

● 技術保障

以區塊鏈、大數據、雲端運算和人工智慧為代表的高科技發展為數位人民幣生態系統發展提供了技術支持。中國金融科技水準現已位居世界前列，為數位人民幣的發展在技術上提供了保障和支持。數位人民幣的技術方案採取動態演進體系，不預設技術路線，由市場競爭選擇。數位人民幣之所以採取動態的、競爭性的、多方案的雙層技術與營運體系，一方面，旨在充分吸收金融科技發展的最新成果，保證數位人民幣系統技術的先進性；另一方面，利用中國作為大國擁有的競爭與容錯優勢，避免技術選擇錯誤對現行金融和貨幣體系造成重大影響和衝擊。中國人口多、市場大，這是規模與體量相對較小的國家（甚至大部分發達國家）無法擁有的優勢。數位人民幣在競爭性動態演進的雙層架構下，可以同時容納多種技術方案，實施優勝劣汰的演進機制，既可以保證金融系統和金融生態環境的穩定發展，又可以促進技術在競爭性演化的過程中不斷創新和完善，從而避免金融創新和新技術發展受阻 [083]。

● 數位經濟快速發展

數位經濟已成為驅動中國經濟高品質發展的重要引擎和國家策略。2021 年，數位經濟規模達到 45.5 兆元，同比名義增長 16.2% [084]，為數位人民幣的發展提供了良好的經濟環境和發展機遇。

[083]　黃國平。數位人民幣發展的動因、機遇與挑戰 [J]。新疆師範大學學報（哲學社會科學版），2022，43（1）：129-138，2。
[084]　2021 年數位經濟規模達到 45.5 兆元 [EB/OL]。中國網資訊百家號，[2022-07-11]。

數位經濟的發展會加速數位人民幣陸續在中國各地啟動的試驗和測試工作，也會加速開拓使用數位人民幣的場景，自然也會加速數位人民幣生態系統的發展。

● 經濟貿易高品質發展

作為世界第二大經濟體，中國的貿易規模一直處於較高水準。哪怕是受新冠肺炎疫情影響較大的 2020 年，中國的經濟總量依然再創歷史新高，突破了 100 兆元人民幣大關，占世界經濟的比重超過 17%，全年 GDP 同比成長 2.3%，成為全球唯一實現經濟正成長的主要經濟體。在外貿方面，面對國內外的複雜形勢及新冠肺炎疫情的嚴重衝擊，中國全年進出口總值超過 32 兆元，再創歷史新高，成為全球唯一實現貨物貿易正成長的主要經濟體。2020 年 1-10 月，中國進出口、出口、進口國際市場份額分別達到 12.8%、14.2% 和 11.5%，較歷史最高值分別提升 0.8、0.4 和 0.7 個百分點，貨物貿易第一大國的地位更加鞏固[085]。中國經濟持續成長和高品質發展，為數位人民幣助力人民幣國際化發展和國際地位的提升，提供了堅實的經濟基礎，也為相關主體尤其是數位人民幣的發展提供了機遇。

▌ 第二節
▌ 數位人民幣面臨的風險

數位人民幣極大地提升了法定貨幣的安全性與效率，但其在發行與流通中仍存在一些潛在風險，呈現傳統貨幣風險與新型風險交織的態勢。

---

[085]　2020 年中國進出口規模創歷史新高 [EB/OL]。中華人民共和國商務部網站，[2021-02-10]。

● 隱私泄露風險

個人數據與金融隱私的安全日益引起廣大居民的注意和擔憂。數位人民幣具有可追蹤性，能夠識別個人數據，會使廣大公民擔心中央銀行或商業銀行等機構可能隨時監測自己的資料與隱私。

數位人民幣的應用將促進金融業務的數位化轉型，必將在發行與流通中生產和沈澱大量個人數據。以小額零售支付為例，其交易數據具有「數據驅動」和「資料密集」的特性。中央銀行、商業銀行和支付機構能追蹤和掌握個人財務報表、交易資訊，甚至部分敏感訊息。居民在辦理支付業務時，部分信息會留存在數位錢包業務平臺或 App 等載體中，極易泄露交易數據和金融隱私。數位人民幣借助於分散式帳本技術，其交易的處理和紀錄具有不可篡改性，雖提升了數據安全性和系統穩定性，卻影響了數據隱私性。非許可型分散式帳本透明度較強，任何配備相應程序軟體和網路的人都可以接觸到這類信息，容易成為第三方惡意攻擊的目標；許可型分散式帳本在參與者較多時，也容易成為惡意攻擊的目標。在數位人民幣的跨境支付應用場景中，跨境交易數據的安全問題尤為凸出，需協調不同司法管轄區的數據交易規則與隱私保護政策。此外，Mt.Gox 失竊事件和以太坊去中心化自治組織（Decentralized Autonomous Organization，DAO）被攻擊事件觸目驚心，暴露出區塊鏈技術運用的潛在風險，引發了業界和社會大眾對個人隱私與系統安全的擔憂。

● 貨幣發行與流通的潛在風險

數位人民幣仍將沿用中國現行的雙層營運體系，雖然具有較高的安全性，但由於其保留現金的某些特徵，仍可能存在擠兌、結構失衡等風險。

總量風險

　　中國人民銀行依法實施對人民幣的貨幣管理，其中一項重任便是保障 M0 的供給。中國人民銀行根據各地現金發行與流通情況，對年度貨幣供應量做出決定，報經國務院批准後執行。如果現金供應量不足，出現數量短缺問題，可能會產生擠兌風險，使國內外金融波動。中國人民銀行也會根據國務院批准的發行計畫，依據市場需求確定數位人民幣的發行量。因此，數位人民幣在理論上存在總量風險，可能存在整體或局部「脫供」的現象。

結構性風險

　　現鈔時常會出現結構失衡的現象，可能會引發現鈔流通不順暢的風險，實質上形成現鈔貶值。我們常見的現金有鈔票與硬幣兩種，面額分別為 100 元、50 元、20 元、10 元、5 元、1 元、5 角和 1 角。零鈔主要用來在日常支付中找零。大面額現金或小面額現金一般以一定的券別結構流通於市，其兌換比例應當為 1 : 1。也就是說，一張 100 元的鈔票可以兌換 2 張 50 元鈔票，或 5 張 20 元鈔票，或 100 張 1 元鈔票，或 100 枚 1 元硬幣。但在現實生活中，因交易差價、生意需求，大面額現金可能不會與小面額現金等值兌換。頻頻發生的不等值兌換，會使大面額現金與小面額現金的比例與數量失調，擾亂正常的貨幣流通秩序，甚至影響整個金融秩序。從試驗實踐看，數位人民幣採用可變面額設計，一般能夠避免現金的結構性風險。但倘若有個人或企業大規模地使用數位人民幣交易，或者透過票據、銀行卡或行動支付等支付數位人民幣，就可能會產生數位人民幣與現金、電子貨幣等的兌換，產生轉帳手續費等，由此導致流通貨幣的結構性風險。

● 貨幣管理的潛在風險

數位人民幣是算法貨幣，可運用大數據技術與各類加密算法展開貨幣管理與貨幣業務，有助於減少業務差錯、提升安全性能，但無法徹底規避潛在風險。

業務差錯風險

銀行職員在展開實物人民幣業務時，可能會因過失而產生操作失誤 [086]，出現誤付假幣、挑剔殘損幣不合格等業務差錯。比如，某商業銀行櫃面人員在挑剔鈔票時粗心大意，誤將幾張殘損幣混入正常、潔淨的現鈔中。比特幣等私人數位貨幣依託 PoW 共識機制，似乎將發行貨幣簡化為「挖礦」，但其營運僅依靠網民信用維繫，極易受各類事件的影響而大幅波動。數位人民幣有中央銀行的各類算法作保障，基本能杜絕人工操作失誤帶來的業務差錯。不過，這並不意味著數位人民幣萬無一失。它作為人的造物，免不了會受到人為因素影響。如果數位人民幣錢包、各類算法本身設計有瑕疵，很可能導致業務差錯；金融機構職員在維護數位人民幣錢包或數據庫時，可能因操作失誤產生差錯。

事故風險

事故風險與業務差錯風險類似，都是職員在經辦業務時產生的，都源於職員的故意或過失，但事故的損害後果更嚴重。例如，曾發生過幾次運鈔車側翻事故，一般是車輛追尾等交通事故所致，有的未發生人員傷亡、人民幣損壞或丟失，有的甚至有人員傷亡 [087]。某運鈔車在運鈔途

[086] 姚前。理解中央銀行數位貨幣：一個系統性框架 [J]。中國科學：信息科學，2017，47（11）：1592-1600。

[087] 運鈔車遭追尾側翻四腳朝天，車內三人被拋出 [EB/OL]。新浪網，[2016-03-06]。

中，車門發生故障自動打開，導致幾袋錢箱跌落，一些現鈔被路過居民撿拾[088]。這些事故要麼是人為因素，要麼是客觀因素所致，可見實物人民幣在營運中存在很多不可預知、不確定的風險。

數位人民幣實行「一幣、兩庫、三中心」的架構，可以實現貨幣體系與管理的數位化轉型，貨幣的發行與流通都將轉換為數據流，可以避免實物人民幣的運輸流程，進而規避交通運輸、裝卸搬運、存放中可能發生的事故。只要算法無誤、職員盡責、網路穩定、電力充足，數位人民幣一般都能安全、穩健地營運。然而，新興技術的應用、貨幣系統的維護，都對貨幣管理人員提出了更高的要求，不僅要求他們態度嚴謹、責任明確，更要求他們掌握科學方法與新興技術。

目前，中國人民銀行數位貨幣研究所等機構已招聘大量技術人員，負責認證檢測、技術攻關、場景支持等工作[089]。

新事物、新技術帶來的風險

數位人民幣可以避免假幣等問題，但隨之可能產生新的潛在風險。比如，一些不法分子利用「數位人民幣」行騙。未來還可能出現利用新興技術製售假「數位人民幣」的情形。因此，中國仍需未雨綢繆，針對數位人民幣的特徵，前瞻性地規劃案件防控體系的數位化轉型。

● 可能產生的新型風險

數位人民幣運用了新興技術，將存在系統維護、安全保障、金融監管等難題，衍生出資訊時代特有的新型風險[090]。

---

[088] 謝金月。運鈔車掉錢路人撿，盜竊還是侵占？[N]。北京日報，2014-12-31（22）。

[089] 中央銀行數位貨幣研究所發布大批量職位，技術崗占比近7成[EB/OL]。鏈門戶，[2022-01-23]。

[090] ADRIAN T、MANCINI-GRIFFOLI T。The Rise of Digital Money [R/OL]。IMF Fintech Notes，[2019-07-15]：1-4。

中央銀行的聲譽風險

中央銀行需要保持支付價值鏈多環節的活躍度，為消費者交互、建構前端錢包、選擇和維護技術、監控交易等提供便利，也應負數位人民幣可以避免假幣等問題，但隨之可能產生新的潛在風險。比如，一些不法分子利用「數位人民幣」行騙。未來還可能出現利用新興技術製售假「數位人民幣」的情形。因此，中國仍需未雨綢繆，針對數位人民幣的特徵，前瞻性地規劃案件防控體系的數位化轉型。歐美國家中央銀行遲遲不推出各自的法定數位貨幣，對中央銀行聲譽風險的擔憂也算重要原因之一。

貨幣系統運行風險

數位人民幣在發行、流通中會產生大量數據，如何保存、銷毀和利用這些數據，是中央銀行和金融機構面臨的共同課題。數位人民幣的流通也是信用創造的過程，其加載的智能合約雖發揮了精準施策的作用，但會產生與信用創造交互影響的潛在風險。智能合約依靠分散式帳本發揮作用，需要快速、低能耗的共識協議。目前業界缺少兩者兼顧的共識協議，無法滿足貨幣及其衍生交易量的需求。標準化智能合約雖能防範網路攻擊，卻存在處理速度、組件架構等方面的缺憾；定型化的標準操作亦將導致合約與業務同質化。智能合約編程錯誤、遭到意外攻擊將產生突發風險，預設的智能合約缺少應對機制，無法及時解決突發事件。如 The DAO 因代碼缺陷被駭客攻擊，遭受 5,500 萬美元損失。貨幣智能合約為每筆交易創建了不可改變的紀錄。這種特性與貨幣衍生業務融合，將會產生金融、科技與監管的融合風險。各類智能合約本身不完備，可能因錯誤代碼和指令，引發不可撤銷的操作風險。運用智能合約

的交易雙方可能會因惡意合約，產生有悖於期待交易的信用風險和法律風險。數位化的貨幣衍生活動涉及多個合約或不同合約的交互操作，可能會因智能合約的互聯性導致連鎖反應，使金融風險向其他分散式帳本外溢，增加整個金融生態系統的複雜性及系統性風險。此外，智能合約在原生貨幣、衍生貨幣中的應用，存在引發金融危機的可能性。智能合約的瑕疵會侵蝕大量公私合同，引發信任危機；設計與構造的複雜性、代碼的匿名性，使中央銀行、監管機構難以評估風險；智能合約引發的金融風險傳播之快，可能令中央銀行或監管機構措手不及。這些問題與風險考驗著中央銀行、監管機構及市場主體的協同治理能力[091]。

新興支付領域風險

法定數位貨幣的支付中存在著不少問題和風險。支付網路的複雜化、參與主體的多元化，容易產生互不相干、來源混同的交易，使中央銀行或商業銀行無法準確地判斷貨幣交易去向和用途，破壞法定數位貨幣的溯源功能。數位貨幣衍生品和服務不穩定、不確定，容易產生合規風險和操作風險。在數位人民幣試運行或初始階段，法律制度不完善，政策不確定，存在技術研發、實施成本等風險。此外，數位人民幣系統存在被惡意攻擊、盜竊等潛在的網路安全風險[092]，也存在複雜網路、業務互聯互通等系統性風險。

與所有新興技術的推廣應用一樣，數位人民幣在研發、試驗與全面推廣中必然充滿著機遇與風險。社會各界需要理性、辯證地了解問題，客觀、科學地分析問題，更重要的是，探討符合數位人民幣特點的解決方案。

---

[091]　景欣。法定數位貨幣中智能合約的構造與規制 [J]. 現代經濟探討，2021（10）：126-132。

[092]　戚聿東、褚席。數位經濟視閾下法定數位貨幣的經濟效益與風險防範 [J]. 改革，2019（11）：52-62。

第三節
數位人民幣的治理困境

2022 年 3 月 31 日，中國人民銀行召開了數位人民幣研發試驗工作座談會，對數位人民幣的研發與試驗提出要求 [093]。數位人民幣的發行、流通和監管與實物人民幣差異甚大，現行法律制度存在很多空白，不僅難以對數位人民幣發行流通進行有效監管，也難以有效規制相關違法犯罪活動。數位人民幣的治理困境值得關注。

● **法律制度缺失**

由於相關法律規定缺失，數位人民幣存在法償性無法律保障的問題。《中國人民銀行法（修訂草案徵求意見稿）》雖規定了人民幣的數位形式，卻沒有明確數位形式的範圍與具體類型。中國雖啟動了修法程序，卻尚未確立數位人民幣的貨幣地位，其法償性尚未得到法律保障，無法有效整治現實生活中拒收數位人民幣的情形。中國人民銀行 2020 年推出文件整治拒收實物人民幣的現象，但這些文件不適用於數位人民幣。此外，中國也未建構起數位人民幣法律框架，沒有明確的立法目標。目前，試驗城市已形成了較為成熟的做法，尚需從中總結歸納出相關法律問題與可行規則。

● **監管規則不健全**

中國已在「十四五」規畫中部署了數位人民幣的發展建設，上海、深圳、海南、重慶等地發布了一些政策文件，對爭取或展開數位人民幣

---

[093]　人民銀行召開數位人民幣研發試驗工作座談會 [EB/OL]。中國人民銀行網 站，[2022-04-02]。

試驗做出規畫。數位人民幣被寫入《中國人民銀行法（修訂草案徵求意見稿）》，中央銀行亦在白皮書中提出「研究完善數位人民幣相關規則」，推動相關法律法規的修訂，研究相關管理辦法。整體而言，中國各試驗地區仍以政策引導為主，從中央到地方各級政府的文件大都是倡導性表述，或者在工作方案中謀劃相關事項，沒有具體工作安排，尚未形成法律規則體系。中央銀行引導、監測各試驗地區的相關金融活動，適用審慎監管相關文件，發布關於風險提示，尚未形成監管規則體系。中國已徹底禁止私人數位貨幣交易，由中央銀行、銀保監會與警察機關等部門按照職責分工監管相關活動。

● 重點問題無「法」可依

從試驗情況來看，數位人民幣的發行、流通與監管等都具有特殊性，尤其需要對個人資料處理、隱私保護、反洗錢和反假幣等特殊問題予以回應。現行的反洗錢法、人民幣管理條例、現金管理條例的規則仍具有濃厚的「鑄幣」思想，無法適用於數位人民幣。

按照中央銀行的頂層設計，中國設置了數位人民幣的認證中心登記中心與大數據中心。數位人民幣試驗也適用「三中心」管理模式 [094]，擬定的法律制度應當做出明確規定，建構起監管職責、人員配置、工作流程、權限範圍、保密義務、問責機制等規則。

數位人民幣將促使支付業務向數位化轉型。由於新興支付業務發展迅猛，業務監管具有較強的技術性，新興支付業務除適用民法典等基本法律外，其中的行動支付業務適用網路支付監管規章，QR code 支付、

---

[094]　白津夫、葛紅玲。中央銀行數位貨幣理論、實踐與影響 [M]。北京：中信出版集團，2021：364-369。

聚合支付等業務適用中央銀行監管文件，區塊鏈技術適用相關技術規範。這些規則以自律和他律相結合，存在分布零散和效力位階較低等特點。數位人民幣的微觀場景具有新興支付業務的共性和特性，但中國目前缺乏針對不同支付場景的統合性和差異性的業務規範，尚未結合數位人民幣的特性制定支付流程及安全保障措施。

第四節
數位人民幣的治理路徑

● 改善數位人民幣治理體系

隨著數位人民幣試驗的進一步擴充，加快制定相關規則已成為重要議題。中國應當首先明確數位人民幣的目標，採取適當的立法方案，針對熱點、難點問題逐步研究制定相關規則，以健全的規則體系不斷加強對數位人民幣的法治保障。

建構科學合理的法律框架

數位人民幣的法律框架需解決目標、功能及重點問題。首先，明確數位人民幣的目標和功能。按照中國中央銀行的設計，數位人民幣旨在替代部分 M0，為社會大眾提供豐富的支付工具，促進零售支付的公平、效率與安全，兼具依照國際倡議改善跨境支付 [095]。其長期目標是支持中國數位經濟發展。因此，中國應當在法律框架中明確促進支付普惠與數位經濟發展的目標。其次，採取成本較小的立法方案，順應數位人民幣

---

[095]　中國人民銀行數位人民幣研發工作組。中國數位人民幣的研發進展白皮書 [EB/OL]。中國政府網，[2021-07-16]：6-7。

及其業態發展。有學者曾比較過重新立法、全面修法和漸進式立法等方案，結論是漸進式立法較符合中國的現實情況 [096]。中國可由中央或地方制定區域性法律法規或業務規則，根據試驗推進情況進行調適。待立法時機與條件成熟時，先制定中國人民銀行規章或地方政府規章，再探討制定《數位人民幣管理條例》等行政法規，然後制定相關的配套制度。

健全數位人民幣規則體系

中國需要結合數位人民幣的特點制定相關規則。第一，結合民法典相關規定，針對混幣、「雙花」（Double Spending）、遲延支付等情況，制定數位人民幣確權登記等規則，解決數位人民幣支付中的權利問題。第二，結合反洗錢、反假幣與反恐怖分子籌資活動等監管要求，制定適用於商業銀行、支付機構等的行業合規制度，強化企業與職員的相關義務。第三，結合數位人民幣發行與流通中的數據要素配置特點，結合中國虛擬財產制度制定數據處理規則。按照新興貨幣業務中的個人資料採集和使用特點，健全個人資料與隱私保護的規則與技術規範。第四，針對「三中心」管理模式，設置監管流程、範圍等規則，完善數位人民幣管理的問責機制，規範貨幣管理人員的監管行為。第五，全面修訂涉及數位人民幣各項業務的法律法規，形成規則互補、內容協調的法律體系。在立法技術上，中國可以借鑑國外相關立法與國際準則，善於借鑑與吸收國際實踐經驗，建立兼收並蓄、博采眾長、立足本土的法律體系。針對跨境支付的特別情形，中國可以與國際組織、相關國家展創建法與監管合作，採取雙邊、多邊方式解決國際支付問題。

修訂《中國人民銀行法》、人民幣管理條例等基礎法律法規，確立數

---

[096] 劉向民。中央銀行發行數位貨幣的法律問題 [J]。中國金融，2016，839（17）：17-19。

位人民幣的法律地位。修訂現行貨幣管理制度和規章條例，填補相關規章條例空白、減少監管模糊地帶，為數位人民幣的發行、流通、管理和使用提供明確的法律依據和制度保障。著力解決數位人民幣相關所有權轉移、數據資料使用與隱私保護、反洗錢、預防犯罪和外匯管理制度等問題，以適應貨幣形態變革帶來的新變化和新要求。推出具備可操作性的規章、規範性文件及操作細則，明確市場准入、支付結算管理等具體問題，保障數位人民幣順利落地。

● 夯實數位人民幣應用基礎

數位人民幣生態系統的建構，還需要更多技術應用方面的支持，以進一步增強普惠性和便捷性。例如，「雙離線」功能需要在指定型號的手機終端安裝具備離線支付功能的 App，而支持「雙離線」支付功能的手機型號相對有限，在一定程度上制約了民眾對數位人民幣接受程度的提升，也就阻礙了數位人民幣生態系統的建設。又如，可穿戴設備「硬錢包」的款式、種類有限，可視卡「硬錢包」存在螢幕字號小、清晰度不高、操作界面不夠簡潔等問題，不利於老年人和殘障人士等特殊群體使用數位人民幣。

短期內，中國應搭建貨幣的生成、發行等系統，促使數位人民幣能夠正常使用，實現數位錢包、支付系統等不同系統的互聯互通，保障數位人民幣的發行、流通、儲存與應用安全。長期內，應鼓勵商業銀行、支付機構、設備商、IT 服務商等主體參與建設，解決數位人民幣在創新場景和設備中的應用問題；建構物聯網、智慧城市等領域的基礎設施，提升系統的算力、兼容性、速度和安全性，增強數位人民幣系統的國際競爭力。同時，要發揮中國人民銀行在方案設計、技術評估、數位金融

基礎設施建設以及營運機構技術路線選擇方面的領導作用，吸引更多的科技企業共同參與，給予技術支持，確保普適性的支付、清算和結算等基礎設施高效運行，穩妥適應不斷更新迭代的新興技術[097]。

● 改善數位人民幣監管水準

建構多部門、多層級協同的立體化數位貨幣監管體系，明確職責分工，避免監管交叉和監管缺位。例如，針對數位人民幣在使用、流通、交易等方面的技術特徵和可能出現的市場風險，中央銀行應與銀保監會、證監會、外匯管理局等部門分工合作。

建立監測預警體系與應急處理機制，及時識別和應對數位人民幣在發行、流通過程中可能出現的新風險、新問題。創新監管模式和監管手段，運用監理沙盒、大數據、雲端運算等先進監管模式與手段，保持監管的開放性與靈活性，提升對數位人民幣各種應用場景的監管能力。加強監管銜接與監管系統升級工作，調整和改善監管人才隊伍。

● 加強隱私保護和風險管理

加強大眾金融教育，在培養民眾數位貨幣使用習慣的同時，防範以「數位貨幣」為名的金融詐騙及其他金融犯罪，高度重視數據安全性，保護社會公眾利益，維護數位人民幣的公信力和影響力。強化對薄弱環節的監管和扶持力度，引導有序競爭和良性發展，防範和化解系統性金融風險。加強貨幣數位化可能導致的金融資產價格波動和關聯風險監測，防止形成並及時切斷可能引致的金融風險傳遞鏈。

---

[097] 景欣。法定數位貨幣的支付場景前瞻及對策建議 [J]。經濟體制改革，2021（2）：164-165。

應用篇

第七章
數位人民幣的應用場景

　　要讓數位人民幣盡快融入百姓的日常生活，建設和拓展應用場景十分重要。從數位人民幣的試驗情況來看，其應用已囊括校園支付、「三農」幫扶、社區關懷、文化旅遊、稅費徵收、日常出行、外賣餐飲、生活繳費等場景，幾乎覆蓋了人們生活的方方面面。截至 2022 年 7 月 20 日，採用數位人民幣的交易累計約 2.64 億筆。當前，數位人民幣的應用場景建設顯示出以下趨勢：一是從之前側重 C 端，向 B 端和 G 端（government，政府）拓展；二是逐步在產業網際網路、跨境貿易、智慧城市、公共服務等領域推開；三是從小額零售向大額支付、跨境支付等領域延伸。

▌第一節
數位人民幣應用的場景化

　　近兩年，數位人民幣應用場景擴大的新聞常常見諸媒體。金融語境下的「場景」意味著金融業務融入生活與業務。所謂數位人民幣應用場景的擴大，其實就是數位人民幣不斷融入行政管理、商務經營和日常生活的過程。目前，數位人民幣的應用雖以零售支付場景為主，卻也在不斷拓展到各種宏觀與微觀場景。

● 場景與金融場景

場景與應用場景

「場景」一詞本意為電影、戲劇作品中的各種場面，由人物活動和背景等構成，後來泛指生活中的特定情境。隨著客戶特定需求的逐步增多，各行各業開始向場景化轉變。例如，銷售逐步向場景銷售發展，依靠網際網路，仿照真實環境，建構起應用場景。

應用場景主要是指特定類型的潛在客戶在某個時間，某個地點，某種情緒、狀態、動機下產生了某種需求，需要相應的產品來滿足。拓展應用場景可以被視為企業的市場營銷手段之一。假設要銷售沙發，商家就會搭建起與沙發相關的場景，營造出一家人在客廳裡，坐在沙發上看電視的其樂融融之景，給客戶溫暖的感覺，從而增加沙發的銷售量。

金融場景與支付場景

數位人民幣的應用場景與金融場景化息息相關。我們先來了解一下什麼是「金融場景」。「金融場景」或「場景金融」，指的是將金融服務融入各種常見場景，為用戶提供基於場景的金融服務。近年來，中國著力打造的智慧政務、智慧社區、智慧醫療、智慧交通、智慧教育等場景，金融都可以在其中發揮重要作用，開拓出多元的金融場景[098]。

至於支付場景，則是支付與場景相結合的產物。用戶所有行為，包括支付在內，涉及的金融服務與社交互動，都將融入具體的場景裡。人們不會為了使用支付工具而去購物，而是在某個具體的消費場景裡自然而然地使用各種支付工具，支付最終是為了滿足消費者生活場景中的某個需求[099]。

---

[098]　楊哲、黃邁。場景金融：金融科技時代的銀行服務轉型變革 [M]。北京：機械工業出版社，2021。
[099]　柴洪峰。對支付場景化的思考和探索 [J]。中國信用卡，2017（10）：13-19。

數位人民幣的應用場景

數位人民幣運用於具體場景，其實就是使用數位人民幣為人們提供金融服務，比如運用數位人民幣的小額貸款、公積金貸款、融資租賃等，用數位人民幣繳納車輛保險，都屬於在具體的金融場景中運用數位人民幣[100]。目前數位人民幣在金融場景的拓展步伐明顯加快，已在住房公積金、租房補貼及繳稅業務等多領域落地[101]。

從目前的試驗經驗看，數位人民幣主要適用於支付場景。理解數位人民幣的支付場景，可以用美團支付做類比。艾媒諮詢分析師指出，美團支付依託平臺的大量高黏性用戶以及豐富的場景布局，建立起相對完善的支付生態圈，支付業務與其他業務發揮協同效應，日益提升了其綜合競爭力[102]。類比之下，數位人民幣支付場景，就是將數位人民幣支付融入衣食住行和社交活動[103]。搭建數位人民幣的應用場景，不僅可以讓更多的人用數位人民幣購買產品，從而增進人們對數位人民幣的了解，也能夠測試數位人民幣的系統穩定性、產品易用性等，為將來在更多試驗地區推廣、複製經驗做好準備。

數位人民幣的支付場景概括起來可見圖 7.1。

---

[100]　數位人民幣使用場景持續擴充，累計授信已超千萬元 [EB/OL]。中國經濟網百家號，[2022-07-14]。

[101]　李冰。數位人民幣金融領域應用提速 多個應用場景「涉房」[EB/OL]。新浪財 經，[2022-06-15]。

[102]　行動支付場景細分多元化發展，成為社會主流支付模式 [EB/OL]。光明網經濟，[2020-08-31]。

[103]　柴洪峰。對支付場景化的思考和探索 [J]。中國信用卡，2017（10）：13-19。

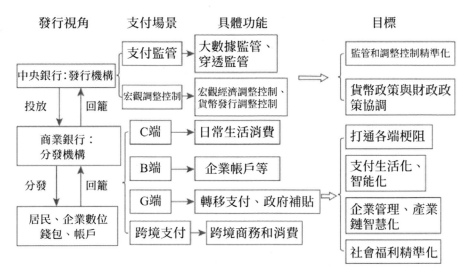

圖 7.1 數位人民幣的支付場景

（資料來源：景欣。法定數位貨幣的支付場景前瞻及對策建議 [J]。經濟體制改革，2021
（2）:162。）

● 數位人民幣的宏觀場景

　　宏觀場景下，數位人民幣可促進零售支付系統與批發支付系統的融合，促使中央銀行提升監管和調節效率。首先，中央銀行等監管機構可依法實施穿透監管，以大數據手段提取數位錢包或帳戶中的數據，提升反洗錢和反假幣的效率，更精準地監測和追蹤貨幣的流向與使用情況。如果判斷有可疑交易，可以採取凍結交易等措施。其次，中央銀行可以施行國家干預，以數據為支撐調節貨幣的投放、回籠和應用。數位人民幣可以提升中央銀行的國家干預能力，使得實體經濟得到更有效率的支持[104]。

---

[104]　景欣。法定數位貨幣的支付場景前瞻及對策建議 [J]。經濟體制改革，2021（2）：161-166。

● 數位人民幣的微觀場景

在微觀場景下，C 端場景主要是指滿足消費者的資金流轉需求，促使日常支付便捷化。B 端場景主要解決企業銀行帳戶限額、財務規則約束等難題，實現支付、資金管理和財務管理的數位化，促進企業資金流和供應鏈金融數位化。在 G 端，數位人民幣將成為政府轉移支付的新型工具，有助於更好地實施財政政策。在跨境支付中，數位人民幣將提升跨境支付結算的速度和安全性，提升 CIPS 的運轉效率，解決 SWIFT、CIPS 等系統耗時長及價格昂貴等弊端。各端都將隨著電子支付系統的改善實現交互操作，形成多場景融合發展趨勢。數位人民幣可以促進 C 端、B 端、G 端和跨境支付等的交互操作，同時覆蓋生活繳費、餐飲服務、交通出行、購物消費、政務服務等多個領域，為企業、消費者提供支付便利，提升企業和政府的數位化管理水準。

中國人民銀行發布的《中國數位人民幣的研發進展》白皮書指出：「數位人民幣是一種零售型中央銀行數位貨幣，主要用於滿足中國零售支付需求。」因此在前幾輪數位人民幣的試驗投放過程中，最先覆蓋的就是零售消費場景。在這些試驗場景中，數位人民幣充分發揮了它的功能優勢。下面將首先從消費者日常的生活服務場景入手，向大家講述數位人民幣的日常運用；其次，分別從政府、企業視角，補充數位人民幣在這兩大主體中的運用；最後，提出數位人民幣在鄉村振興場景中的重要作用。

第二節
生活服務場景

數位人民幣逐步滲透到生活場景中。人們在日常購物時，可以使用數位人民幣進行支付；在繳納水電等費用時，也可以使用數位人民幣。對於老年人或者殘障人士，出於安全性與方便性考慮，數位人民幣優於其他支付選項。甚至，數位人民幣已經悄然進入校園，還逐步在跨境支付中嶄露頭角。

● 衣食住行

數位人民幣的試驗包括各類生活繳費、購買電影票等。上海市某試驗小區居民，可用數位人民幣買菜，支付管理費、停車費、快遞寄件費用等 [105]。

長沙市民可以用數位人民幣繳納燃氣費 [106]。北京、上海、深圳等試驗地區的居民可使用數位人民幣在美團平臺預訂電影演出票 [107]。

購「衣」場景。2022 年 4 月 2 日，寧波某記者用數位人民幣錢包購買了一件衣服，總計消費 149 元。服飾店店員只需要用 POS 機掃一下數位人民幣頁面，這筆交易就完成了 [108]。如果對購買的衣服、鞋子等不滿意，還可以線下無理由退換貨。來自蘇州的曹女士就體驗了數位人民幣的退錢流程。曹女士為老人購買了一雙運動鞋，用數位人民幣支付了貨

[105] 數位化人民幣在上海社區試驗應用，可支付管理停車快遞費等 [EB/OL]。澎湃新聞，[2021-04-17]。
[106] 陳斯斯。數位人民幣亮相長沙！開通可領紅包，你用了嗎？ [EB/OL]。澎湃新聞，[2021-03-26]。
[107] 春節期間美團數位人民幣交易量大增 [EB/OL]。新浪財經百家號，[2022-02-11]。
[108] 嘗鮮！記者用數位人民幣買了一件衣服 店員：你是第一單 [EB/OL]。中國寧波網，[2022-04-03]。

款，但老人覺得鞋子顏色鮮艷不適合，於是曹女士要求退貨。商家將回款透過數位人民幣對公錢包匯至退款專用錢包，全中國首單數位人民幣線下購物無理由退貨全流程隨之完成[109]。

自來水費用繳納。繳納水費是市民高頻率使用的生活繳費場景之一。為方便廣大市民，西安銀行聯合西安市水務集團在全市範圍內率先創建數位人民幣受理場景，讓市民實實在在感受到數字人民幣的便利。西安市民張某在工作人員的指導下，使用數位人民幣辦理了線上水費繳存業務，從輸入金額到支付成功，過程順利，毫無障礙。數位人民幣在西安市繳納水費場景的應用，不僅讓西安市民擁有了多樣化的支付方式，為其帶來了更大的便利，還大力推動了西安市數位經濟和智慧城市建設[110]。

綠色出行。公車、捷運、共享單車等，是都市生活的重要出行工具，其費用支付往往具有小額、高頻的特點，而這恰恰是數位人民幣試驗測試的主要方向。數位人民幣支付幾乎已覆蓋了各式各樣的公共出行場景：在廈門、重慶、杭州、珠海等地，市民們可以用數位人民幣乘坐捷運、公車，或者使用共享單車。在福州、廈門、廣州等地，高速收費處也可以使用數位人民幣，其中福州和廈門兩地的 74 個高速公路收費口已全部開通數位人民幣支付方式，車主只需下載「數位人民幣（試驗版）」App，並確保錢包內有足夠的餘額，通過收費站出口人工車道繳納通行費時出示錢包的付款 QR code，由收費人員掃碼，成功後便完成支付。收款速度非常快，且不受網路信號限制[111]。

[109] 全中國首單數位人民幣線下購物無理由退貨完成 [EB/OL]。蘇州市人民政府，[2022-07-23]。
[110] 西安銀行聯合西安水務集團落地全市首個自來水數位人民幣應用場景 [EB/OL]。搜狐城市 - 西安搜狐號，[2022-06-08]。
[111] 福州廈門兩地 74 個高速收費站全部開通新支付方式 [EB/OL]。廈門晚報，[2022-04-27]。

「數位人民幣＋大眾運輸」的模式，能夠產生十分積極的影響。第一，對於 C 端來說，消費者能夠充分享受數位人民幣在出行支付中帶來的便利，在一些網路不佳的捷運站也能夠順暢地進行支付。第二，對於 B 端來說，在日常高頻場景中發放數位人民幣紅包的方式，能夠極大地刺激消費、帶動交通線附近的商業活動、提振市場活力。第三，對於 G 端來說，政府在普及數位人民幣應用的同時，可以利用數位人民幣試驗活動，指導企業、引導市民積極加入綠色出行的行列中。例如，成都市人民政府、中國人民銀行成都分行聯合主辦了「綠色出行低碳一夏」活動（見圖 7.2），向市民發放了價值 1,200 萬元的數位人民幣大眾運輸出行禮包，共計 10 萬份，倡導民眾使用大眾運輸出行，減少碳排放 [112]。

美團利用數位人民幣發展的契機，充分發揮了龍頭企業的帶領作用，積極助力綠色出行。美團於 2021 年 9 月聯合九地推出數位人民幣騎行活動，上線第一個月就吸引了超過 100 萬用戶創建數位人民幣個人錢包，累計產生 889.96 萬綠色騎行公里數，與駕駛燃油車相比，同等運量下可減少碳排放量約 2,400 噸。據統計，創建數位人民幣個人錢包的用戶，選擇綠色出行的頻次比普通用戶平均高出 8.14%。2021 年 12 月，美團宣布進一步擴大數位人民幣碳中和試驗：在美團平臺上，只要參與綠色低碳消費行為，都將獲得一定數額的數位人民幣獎勵。

無感免密加油。蘇州率先推出了「AI 無感加油」服務，消費者去蘇州中國石化加油站加油時，既不用下車，也不用付款，只需要把創建的數位人民幣錢包和車牌號進行綁定，並進行免密支付的電子帳戶簽約後即可。當登記車輛進入中國石化的無感加油站點後，智能攝影機就可以

---

[112]　成都第二輪數位人民幣活動① | 成都將發 1,200 萬元綠色出行金，10 萬個名額 [EB/OL]。四川在線，[2021-07-02]。

及時識別出車牌號而鎖定會員車身分。駕駛員只需將車子停靠在支持無感加油的油機旁，加油站工作人員會根據提示進行加油。加油完成後，系統將自動從綁定的數位人民幣錢包中扣費，真正實現了「不下車、不開口、不進店、不付現」。

● 養老服務

在我們的日常認知中，老年人似乎很難對新興支付方式感興趣，但不得不承認，老年人也有數位零售支付需求，需要為他們提供易學、安全與便捷的支付方式。數位人民幣的養老服務場景不僅看到了老年人的支付需求，還看到了他們可能會面臨一些困難，於是出現了智慧手環、電子證、工牌等集支付與緊急情況通報功能於一體的數位人民幣「硬錢包」。

老年智慧支付手環。中國銀行聯手中國聯通和「錦欣康養」養老院，將數位人民幣融入智慧手環，老人「碰一碰」即可輕鬆完成支付。智慧手環也支持老人生命體徵監測、高精度定位及緊急呼叫等。如此一來，不僅提升了養老院內部管理效能，也為老人提供了更加安全、方便的支付體驗。

電子老年證。2022 年 12 月 28 日，中國首個融合數位人民幣及交子特惠券的電子老年證在成都市錦江區投入使用。該證由中國銀行四川省分行、四川聯通聯合研發。錦江區特殊困難老年人可以在全區範圍內開通數位人民幣結算功能的養老服務機構、交子特惠券合作企業和商家使用該電子老年證。也就是說，該證不僅擁有「老年證」的基本功能，還具備數位人民幣以及交子特惠券的消費功能，同時還擁有精準定位和雙向呼叫的功能，可用於緊急求救。此次電子老年證的發放，一方面凸顯

了數位人民幣的多樣性優勢，方便老年人使用；另一方面也表現出了數位人民幣的可拓展性，未來與更多行業應用的結合將成為創新方向 [113]。

智慧工牌。北京某養老服務集團推行了智慧工牌。智慧工牌集合了數位人民幣小額支付、緊急呼叫、智能圍欄、軌跡查詢等多種服務功能，能夠實時定位行程，遇到緊急情況可以一鍵呼叫緊急聯絡人，也可以按 SOS 鍵，系統的後臺工作人員可以採取緊急措施，迅速定位找到老年人 [114]。

● 文化旅遊

旅遊已經成為人們假期休閒放鬆的主要方式之一。在豐富的數位人民幣消費場景下，有了數位人民幣紅包的加持，市民遊客紛紛開啟了數位人民幣文旅消費體驗之旅。數位人民幣對於消費新業態的撬動作用已經顯現，尤其是在餐飲、旅遊等細分業態，對疫情時代的拉動內需和經濟再成長有積極作用。

海南案例。旅遊業是海南最具優勢、最具特色的支柱產業，數位人民幣的推廣也率先選在和旅遊業態息息相關的景區、免稅店等場景。目前，位於海口的海南熱帶野生動植物園、全球消費精品（海口）免稅城、皇馬假日等均實現了數位人民幣支付。其中，皇馬假日旗下 7 家連鎖店均實現了數位人民幣支付功能，可實時到帳。在免稅購物方面，也實現了數位人民幣全場景支付。在免稅店，很多體驗者對數位人民幣給予了認可，因為其具備實時到帳、「碰一碰」可交易、提現沒有手續費等特點 [115]。

[113]　成都數位人民幣試驗「多點開花」：除了紅包，多家銀行還探索了這些應用 [EB/OL]。四川在線，[2021-03-09]。
[114]　數位人民幣首個養老服務場景落地 [EB/OL]。老楊說鏈企鵝號，[2021-09-10]。
[115]　旅遊、購物、餐飲……海南交行推動數位人民幣在多個場景加速落地 [EB/OL]。中經海南搜狐號，[2021-05-20]。

　　深圳案例。深圳市民水先生首次嘗試了春秋航空與合作銀行共同在「春秋航空」App 上推出的數位人民幣支付業務，使用數位人民幣下單支付，購買了一張從上海飛往深圳的單程機票，成為中國首張數位人民幣支付機票的持有者 [116]。

　　同樣在深圳，在 2021 年南山荔枝文化旅遊節期間，南山各大旅遊景區的門票以及周邊店家都可以使用數位人民幣支付。深圳建行還攜手南山各景區展開了數位人民幣優惠補貼活動，遊客在 2021 年 8 月 31 日前使用建行卡綁定數位人民幣錢包，就可以享受在深圳野生動物園購買門票滿 100 元減 50 元，在青青世界購買門票滿 40 元減 20 元的優惠活動 [117]。

　　上海案例。都市觀光巴士一直是遊客遊覽上海的首選方式。觀光巴士的行駛路線多是市區繁華地段，人員密集、高樓林立，在節假日，外灘、南京路步行街等區域，因為客流量較大、網路訊號不好，市民遊客經常遇到支付卡頓等問題。而遊客透過「數位人民幣（試驗版）」App，使用帳戶中的數位人民幣掃碼付款，即可實現離線支付，在沒有網路的情況下也可付款 [118]。

　　旅行平臺直播間案例。攜程旅行率先在直播間引入了數位人民幣支付方式，「80 後」關先生和眾多趕來嘗鮮的年輕人一樣，成為旅遊場景下數位人民幣支付最早的一批用戶之一。關先生選擇了攜程直播間推出的一套「望山居別墅套餐」，點擊產品連結，使用數位人民幣完成支付，整個過程體驗便捷、流暢。統計數據顯示，不少「80 後」、「90 後」用戶在攜程直播間用數位人民幣支付購買了酒店產品，且酒店類型多數屬於高星酒店。

---

[116]　春秋航空收穫中國首個數位人民幣機票訂單 [EB/OL]。東方財富網，[2021-04-26]。

[117]　南山景區迎來數位人民幣禮包 [EB/OL]。深圳商報搜狐號，[2021-06-23]。

[118]　數位人民幣帶你走進新消費、新場景、新業態 [EB/OL]。新浪財經百家號，[2021-08-27]。

● 就醫看診

數位人民幣逐步向醫療衛生場景滲透，覆蓋門診結算、住院結帳、在線繳費等，患者就醫體驗不斷提高，就醫效率也不斷提升。

上海同仁醫院案例。上海同仁醫院搭建數位人民幣使用場景時分「兩步走」：第一步是打通生活支付場景，第二步是打通醫療支付場景。生活支付場景指的是借助於郵儲銀行的技術，員工可在餐廳使用數位人民幣「硬錢包」，實現點餐、消費、支付一站式體驗。試驗以來，全院近千名員工已開通了數位人民幣帳戶，大家對數位人民幣的接受程度也比較高。之後是打通醫療支付場景，由醫院信息科與財務科帶頭重點推進。經過 3 個月的開發與測試，目前覆蓋兩個院區，門診的近 20 個收費窗口均已支持數位人民幣支付。市民就診只需出示數位人民幣付款 QR code，即可掃碼支付診療費用，又增加了一個便捷、安全的支付方式[119]。

在防疫常態化背景下，透過改善支付來方便患者，成為一項便民舉措，數位人民幣在醫療場景支付的應用，為患者帶來了極大的便利。未來，上海同仁醫院還將圍繞大健康產業發展，充分利用數位人民幣安全可靠、實時結算、支持雙離線支付等優勢，進一步在身體檢查、停車繳費等支付場景擴大試驗。

廣東省人民醫院惠福分院案例。廣東省人民醫院惠福分院落地數位人民幣的醫療場景應用，全面覆蓋了門診就醫線上和線下支付、網際網路醫院就診繳費、住院押金繳納及結帳繳費三大場景，並於 2022 年 5 月 5 日實現了首位患者的支付。首先，患者可以運用數位人民幣實現門診

---

[119] 左妍。數位人民幣首個醫療場景支付功能在上海同仁醫院落地 [EB/OL]。行動支付網，[2021-04-09]。

就醫的線上支付或者線下支付。線上支付是透過廣東省人民醫院官方微信公眾號，調出需要付款的診療單，選擇「支付」，就可以看到支付方式中已有「數位人民幣」這一選項，直接點擊就可以使用數位人民幣支付了。線下支付則是到繳費窗口運用 QR code 完成支付。其次，患者還可以選擇「遠距就醫」。

在廣東省人民醫院 5G 網際網路醫院的數位人民幣支付功能也一併上線 —— 完成在線問診、回診後，點擊繳費，同樣可以使用「數位人民幣」進行支付。最後，患者還可以運用數位人民幣完成住院費用的支付。在住院押金繳納、離院結帳時，只要打開「數位人民幣（試驗版）」App，就可以在入院押金、出院結算、病區結算等支付環節暢通使用數位人民幣 [120]。

溫州醫科大學附屬第一醫院案例。溫州醫科大學附屬第一醫院作為浙南閩北贛東區域龍頭醫院、浙江省級區域醫療中心依託醫院，醫療服務輻射人口近 3,000 萬人，其資訊化和數位化建設走在中國同行前列。醫院大力推進落實數位人民幣的應用，分別與工行、農行、中行、建行、溫州銀行、甌海農商銀行六家金融機構簽訂了數位人民幣合作意向書，成為溫州市首個數位人民幣應用場景覆蓋的醫療機構，率先開通醫療場景支付。進一步，溫州醫科大學附屬第一醫院計畫持續落實數位人民幣的推進工作，積極深挖數位人民幣在醫療支付場景中的應用，如診間付款、預存款繳納等。同時，推進數位人民幣在「先看病，後付款」就醫模式中的使用，助力搜尋「未來醫院新形態」，打造「數位化、智能化、資訊化」的智慧院區建設新模式 [121]。

---

[120] 廣東首家醫院啟用數位人民幣 [EB/OL]。中國新聞網，[2022-05-05]。
[121] 溫州首個數位人民幣醫療支付場景，落地溫州醫科大學附屬第一醫院 [EB/OL]。溫州市人民政府網站，[2022-04-21]。

● 校園生活

校園生活場景屬於特色化應用場景。一方面，大學校園內的消費與師生的日常生活關係緊密，具有高頻且固定的特徵，與智慧校園的建設能夠有機融合。另一方面，大學校園中的年輕群體更容易接受數位化新生事物，還有可能產生校園之外使用的「溢出效應」。

北京航空航天大學案例。目前，北航校園支付平臺數位人民幣功能支持用戶線上掃碼、商家線下掃碼、免密支付、行動端頁面等多種支付方式，並已完成了數位人民幣錢包監管職責、流水對帳、自動帳務處理的工作體系建構工作，已開通數位人民幣的個人用戶均可透過北航校園支付平臺支付相關校園費用。結合數位人民幣的銀行帳戶鬆耦合和支持雙離線工作等特點，北航校園支付平臺的建設從實質上推動了校園支付全場景覆蓋進程，進一步落實了「無直接接觸」服務要求，加強了校園綠色支付能力，持續推動了「無現金校園」建設；有效解決了部分外籍學生無法線上支付、離線終端支付異常等痛點難點問題；有效落實了校園普惠金融要求，推動建構了校園綠色金融格局，逐步完善了新型校園支付體系。未來在安全合規的前提下，數位人民幣獎學金等補助發放或可成為新的應用領域 [122]。

第三節
公務行政場景

對於公務、政務而言，數位人民幣是一個好幫手。眾所周知，過去由於收費系統等原因，很多政務場景的收費有「只收現金」的傳統，在

---

[122]　光明日報客戶端：北航校園支付平臺順利接入數位人民幣功能，為中國首家高校 [EB/OL]。
　　　北京航空航天大學新聞網，[2021-07-24]。

行動支付和網際網路技術不斷發展的背景下，很多時候很不方便。數位人民幣的出現則一方面保證了法償性，另一方面更加符合民眾的支付需求。現在數位人民幣頻繁落地政務場景，數位政務空間廣闊。目前，數位人民幣在政務領域的主要應用範圍包括單位或個人繳納社保、單位繳存住房公積金、稅費繳納、補貼發放等 [123]。

● 繳納稅費

數位人民幣繳納稅費應用場景迅速拓展，涉及交納住宅專項維修資金、繳納保費、繳納個人所得稅等諸多方面。實踐證明，使用數位人民幣繳稅繳費有許多優點：首先，操作流程簡便，效率更高。以數位人民幣繳稅為例，支付稅款無須經過第三方平臺中轉，流程更快、隱私性也更強。其次，能夠降低繳納稅費的制度性交易成本，提升體驗感受。數位人民幣不再有開戶網點的概念，可以有效滿足納稅人跨省異地繳稅、未簽訂扣款協議等特殊業務需要，不會在跨行、跨地區資金流轉過程中產生任何服務費和手續費，能夠有效減少納稅人跨省異地簽訂三方協議扣繳稅費的成本支出。最後，是基於數位人民幣「小額匿名、大額依法可溯」的特徵，繳納稅費的資金流向能夠被徵管系統依法依規進行記錄和監管，為「精細服務、精確執法、精準監管」提供了技術支持。

在政務服務場景中，數位人民幣在稅費繳納環節的應用開始出現在越來越多的試驗地區。2021 年 11 月初，來自香港、在深圳創業的陳先生，在深圳市前海稅務局辦稅服務廳申報了 9 月分的個人所得稅，並成功使用建行數位人民幣錢包繳納了稅款。實現了港人繳稅的成功，也是中國首個支持全稅種、數位人民幣全營運機構的納稅創新場景（見圖

---

[123]　王柯瑾。從 C 端到 G 端數位人民幣多場景賦能 [EB/OL]。新浪看點，[2022-06-18]。

7.4）。2021 年 11 月 1 日，在北京東城區稅務局設立於體育館路街道的出租房屋委託代徵點，市民楊先生透過所持有的數位人民幣繳納了一筆個人出租自有住房所對應的稅款，並成功開具出了增值稅發票。

雄安新區試驗案例。從 2021 年 11 月 19 日開始，雄安新區開始試驗數位人民幣「財稅庫銀 T+0 模式」繳稅入庫業務和數位人民幣網點繳稅業務，並於 12 月 6 日在工商銀行河北雄安分行完成投產上線。雄安新區選定了四個納稅人、繳費人辦理頻度高、涉稅業務量大、便捷度感知明顯的樣本場景展開先期測試，實現了首筆數位人民幣「財稅庫銀 T+0 模式」繳稅入庫。[124]

湖南試驗案例。2021 年 6 月，湖南推出了《湖南省關於進一步深化稅收徵管改革的實施方案》，結合省會長沙數位人民幣的試驗工作，對稅費繳納、醫保、社保繳費等數位人民幣場景進行了積極探索。同年 12 月 24 日，湖南跳馬園林有限公司的會計曾女士透過湖南省電子稅務局，使用數位人民幣成功繳納了當期各項稅費 4,502.35 元。這是湖南在數位人民幣稅務端線上繳稅支付場景的首次成功應用，標誌著數位人民幣稅款繳納工作在湖南全面「解鎖」。據悉，湖南試驗的數位人民幣繳稅流程十分簡單，納稅人只需開通數位人民幣錢包，透過湖南省電子稅務局、手機銀行 App 或網路銀行、稅務大廳、銀行櫃檯四種方式中的任意一種，兌入數位人民幣，辦理數位人民幣繳稅簽約，即可進行申報繳稅。相關款項從繳納到國庫入庫對帳全流程，均透過數位人民幣流轉[125]。

海南海鋼集團試驗案例。2022 年 1 月 18 日，海鋼集團透過工商銀行昌江縣支行數位人民幣對公錢包向昌江縣稅務局進行了一單 1.043 億

[124]　雄安首筆數位人民幣繳稅業務成功落地 [EB/OL]。雄安發布澎湃號，[2021-11-29]。
[125]　中國首個！長沙「解鎖」數位人民幣全場景全流程納稅繳費 [EB/OL]。洞庭湖邊那些事兒搜狐號，[2021-12-27]。

元的大額數位人民幣繳稅業務，這是昌江縣首單、海南自貿港單筆最大數位人民幣繳稅業務。該單業務是數位人民幣試驗和推廣方式的具體應用，是海南省國有企業數位化轉型的具體實踐，是企業助力自貿港數位經濟發展的具體行動，也是海鋼集團加快轉型發展的具體成果[126]。

　　北京租房委託代徵繳稅案例。北京東城區出租房屋委託代徵點收到了首筆使用數位人民幣繳納的個人因出租自有住房所對應的稅款，並成功為納稅人開具了增值稅發票。北京市稅務局相關工作人員表示，用數位人民幣繳納稅款既滿足了納稅人支付結算的即時性，也提升了納稅服務的便捷性。「出租房屋委託代徵稅款」是本市試驗使用數位人民幣繳稅的突破口，至於其他地點和其他環節的使用權限，稅務部門也將陸續升級開放[127]。

　　重慶企業繳稅案例。2022 年 6 月 1 日上午，在重慶市九龍坡區，聖象裝飾材料有限公司使用工商銀行數位錢包完成繳稅 3,009 元，成為重慶首位使用數位人民幣繳稅的納稅人，象徵著數位人民幣繳稅業務場景在重慶正式落地[128]。

　　浙江蘭溪市案例。蘭溪市澳峰進出口貿易有限公司透過網路銀行綁定數位人民幣對公錢包，在國家稅務總局蘭溪市稅務局工作人員的指導下，成功簽訂了三方扣稅協議，順利完成一筆印花稅扣繳。這也象徵著蘭溪首單數位人民幣繳稅業務成功落地[129]。

[126]　1.043 億元！海鋼集團落地首單大額數位人民幣繳稅業務 [EB/OL]。網易新聞，[2022-01-08]。
[127]　多地數位人民幣試水「繳稅」提升便利度同時有助打擊逃稅漏稅 [EB/OL]。金融界企鵝號，[2021-11-03]。
[128]　郭欣欣。數位人民幣繳稅業務場景在重慶落地 [EB/OL]。重慶商報企鵝號，[2022-06-01]。
[129]　市稅務局：全程無接觸安全更快捷蘭溪完成首筆數位人民幣繳稅業務 [EB/OL]。蘭溪市人民政府，[2022-07-19]。

● 繳納社會保險

陝西省案例。郵儲銀行陝西省分行推出的數位人民幣「社保醫保繳費」功能經過 15 天系統監測試運行，正式上線投入使用，成為陝西省首家能夠使用數位人民幣繳納社保的銀行。陝西省的城鄉居民或自由業登錄郵儲銀行的手機銀行，就能夠看到繳納養老保險費或醫療保險費的選項，然後選擇數位人民幣支付方式即可完成。繳費過程簡單且清晰，民眾足不出戶就能夠辦理業務[130]。

青島市案例。青島市稅務局已於 2021 年 6 月啟用數位人民幣繳納社會保險費。目前已在工商銀行、交通銀行、農業銀行、建設銀行進行試驗，適用於繳納靈活就業、城鄉居民社會保險費的個人繳費。

成都市案例。在中國人民銀行成都分行營管部和成都市稅務部門的多次指導下，中國農業銀行成都分行打造的代徵社保數位人民幣繳費項目成功落地。成都的鄧某開通數位人民幣錢包後，在錦江區稅務大廳現場體驗了使用數位人民幣繳納社保費項目。鄧某透過「農行掌銀」App，依次找到「生活」版塊 ──「生活繳費」──「政府非稅」──「非稅繳費平臺」，輸入繳費繳款編號，再使用數位人民幣完成社保支付。最終鄧某成功繳納 1,242 元的社保費[131]。

深圳市案例。與以上三個個人繳納社保費用的案例不同，此案例是海南某公司深圳分公司使用數位人民幣繳納 11 月社保費，共計 140,562.94 元[132]。

[130]　數位人民幣「社保醫保繳費」上線 [EB/OL]。新浪科技，[2022-07-19]。

[131]　b 成都落地數位人民幣繳納社保業務 [EB/OL]。行動支付網，[2022-03-23]。

[132]　深圳晚報：深圳首筆數位人民幣繳納社保費落地 [EB/OL]。國家稅務總局深圳市稅務局，
　　　　[2021-11-23]。

● 繳納住房公積金

深圳市福田區率先設立「數位人民幣 + 公積金」銀行專窗。推進用數位人民幣繳納住房公積金的舉措，對進一步完善數位人民幣在公務行政場景中的運用、建設數位人民幣生態體系具有重要意義。

2022 年 7 月 20 日，深圳一名自由業以數位人民幣支付的方式成功繳存住房公積金。他需要做的，只是開通數位人民幣錢包；然後登錄「深圳公積金」小程序，在「個人匯繳」選項處辦理當月匯繳時，繳存方式選擇「數位貨幣」，提交後將自動跳轉至銀行數位人民幣支付界面，根據提示進行支付即可。成功支付後會自動返回公積金服務，公積金系統將做自動入帳處理 [133]。

● 繳納訴訟費

近年來，蘇州某地區法院緊跟數位經濟發展和數位人民幣試驗工作步伐，聯合蘇州市數位金融研究中心，積極與相關網路安全管理單位、辦案系統維護公司加強協調合作，委託相關銀行進行技術測試，實現了數位人民幣與法院辦案系統以及銀行信息系統的無縫對接，實現了「一人一案一帳號」，將數位人民幣支付方式融入司法領域，在訴訟費繳納場景落地應用。

當事人透過專有的虛擬帳戶進行掃碼繳費後，款項可以實時、安全到達法院主帳戶，並自動對應到相應的案件，確保了案、款、人精準對應。由此帶來了兩大利好。一是法院帳務管理方面，大幅提高了辦案效率和案款管理的規範性。「一案一碼」上線後，立案即可實時生成案件專屬的數位人民幣繳費 QR code，既保證了案款管理規範性，也免去了後

---

[133] 數位人民幣可繳存住房公積金 [EB/OL]。新華網廣東頻道，[2022-06-21]。

期人工相配工作，極大提高了辦案效率。

二是在當事人繳費方式方面，QR code 線上支付擺脫了時間和距離的限制，繳款人可以隨時隨地使用數位人民幣進行支付，節省了大量時間成本，極具便利性 [134]。

● 發放財政補貼

隨著數位人民幣試驗的逐步深入，各地政府開始運用數位人民幣發放財政補貼資金。若用數位人民幣發放政府的扶貧款、救濟款、農林牧漁業等各項補貼，則能夠保證直達到戶，能夠改變過去傳統的逐級下發模式，防止出現政府專項補貼落實不及時、不到位、層層設卡、擅自截留挪用等亂象，提高政府專項補貼資金到位的及時性和精準度。還能夠進行精準追蹤，了解掌握各項專用資金的發放進度及使用情況。用數位人民幣發放財政補貼資金具體形式有政策獎補資金、穩崗補貼、人才補貼等。

陝西西安案例。西安市於 2020 年推出《加大金融支持力度、有效應對疫情、促進經濟平穩發展若干措施實施細則》，以十條措施引導金融機構加大信貸支持、降低信貸成本，幫助企業特別是中小微企業有效應對疫情造成的不利影響。西安的此次政策獎補資金首次以數位人民幣形式發放。

西安市金融工作局，攜手西安銀行，向西安市 18 家金融機構、3 家融資擔保公司的對公錢包成功發放約 562 萬元數位人民幣政策獎補資金 [135]。

---

[134]　全省首個數位人民幣繳納訴訟費場景落地 相城法院服務群眾再添「新招」[EB/OL]。蘇州市相城區人民法院澎湃號，[2021-12-17]。https://www.thepaper.cn/newsDetail_forward_15897836

[135]　全省首筆數位人民幣財政補貼資金發放 [EB/OL]。陝西省人民政府官網，[2021-10-08]。

　　浙江杭州案例。2022 年 6 月，浙江首筆數位人民幣惠企資金，已透過「親清餘杭」企業綜合服務平臺支付成功。該筆惠企資金系「2022 年影城紓困補助」項目資金，額度為 9.5 萬餘元，由中國工商銀行餘杭支行向杭州保利影城有限公司餘杭分公司秒速撥付到位。在這個過程中使用數位人民幣，可提高補貼資金撥付效率，強化資金溯源監管，使整體政策資金撥付流轉更加透明。整個發放過程非常順暢，實現了「秒到帳、零手續費」，對方企業之前已早早設立了對公數位錢包 ID，這次辦理數位人民幣撥付，也根本不需要對方企業實地到銀行來，工作人員透過線上遠程指導即可辦結。此外，數位人民幣用於線上線下各類支付環境，能夠盡量減少技術因素、通信網路覆蓋因素等帶來的使用障礙，更好地服務大眾支付的安全應用要求 [136]。

　　上海案例。上海市青浦區人力資源和社會保障局成功透過建行櫃面代發系統，首次以數位人民幣形式發放了 300 餘萬元的企業人才補貼獎勵。此次人才補貼的發放工作是上海落實城市數位化治理、應用數位人民幣方式兌付人才補貼的一次探索 [137]。

第四節
企業應用場景

　　企業也開始探索數位人民幣的應用場景，主要有辦理企業業務與發放員工薪水等。例如，2022 年 5 月 31 日，廈門誠泰小貸公司透過建行廈門分行發放 9 萬元數位人民幣貸款；同年 6 月 3 日，青島聚量融資租

[136]　浙江首筆數位人民幣惠企資金支付成功 助力影城紓困 [EB/OL]。杭州網，[2022-06-06]。
[137]　上海首次以數位人民幣形式發放企業人才補貼獎勵 [EB/OL]。東方網，[2022-07-20]。

貸向青島愛爾家佳新材料公司以數位人民幣形式放款 400 萬元，落地數位融資租賃業務[138]。

● 企業間結算

燃油貿易企業案例。2021 年 3 月 15 日，遼寧省大連市兩家燃油貿易企業透過數位人民幣支付方式在航運產業數位平臺上完成一筆燃油交易的結算業務，這是中國首筆用數位人民幣來實現 B2B[139] 的支付結算。此次 B2B 線上平臺試驗項目上線試運行，是由中國郵儲銀行聯合大連德泰控股有限公司、辛特數字科技集團共同合作展開。相關負責人員表示，企業對公轉帳以往要透過銀行對公窗口或者網銀，而使用數位人民幣支付即結算，實時到帳不再受限於工作時間，且企業財務系統與數位人民幣系統帳單無時間差，無須排查、修正等操作，提高了企業效率[140]。

京東案例。京東使用數位人民幣向其供應商紫光數碼、重慶新日日順支付貨款，還實現了數位人民幣的跨行結算 —— 京東透過在交通銀行創建的數位人民幣錢包，向紫光數碼在中國銀行創建的數位人民幣錢包進行了對公結算，探索了數位人民幣在企業支付場景的應用。此外，京東已實現第三方商家接入數位人民幣系統，成為中國首批支持「自營 + 第三方商家」使用數位人民幣的企業[141]。

京東企業業務旗下京東慧采、京東企業購可在不改變企業採購流程的基礎上，將採購流程中下單、支付、認款、發貨等操作，透過系統建設實現線上化、自動化，為數位人民幣在企業端的應用提供載體。企業

[138] 科普｜數位人民幣應用場景盤點 [EB/OL]。交子鏈訊百家號，[2021-09-03]。
[139] B2B（Business-to-Business 的縮寫），指企業與企業之間透過專用網絡或網際網絡，進行數據資料的交換傳遞、展開交易活動的商業模式。
[140] 中國首筆數位人民幣 B2B 支付結算在遼寧大連完成 [EB/OL]。中新網，[2021- 03-15]。
[141] 京東集團已啟用數位人民幣發放薪酬和企業支付 [EB/OL]。DoNews 企鵝號，[2021-04-25]。

用戶在京東企業業務進行採購並完成支付後，依託數位人民幣的實時到帳功能及系統提供的實時核銷等功能，可更快速地確認支付資訊，從而在供應商發貨方面實現提速，進一步壓縮履約週期、提升採購效率^[142]。

● 普惠金融

農行太倉分行案例。2022 年 6 月 7 日，中國農業銀行太倉分行以數位人民幣形式向太倉市億砼新型材料科技有限公司發放普惠貸款 150 萬元，作為原料款支付至上游供應商數位人民幣錢包。此筆數位人民幣普惠貸款，不僅實現了數位人民幣應用場景上的首創性突破，也是金融機構在助企紓困方面實現的創新嘗試。

國晟小貸案例。青島一家酒店管理企業收到了山東國晟小額貸款有限責任公司（簡稱「國晟小貸」）發放的數位人民幣形式的 5 萬元小額貸款。據國晟小貸相關人士介紹，客戶線上對國晟小貸發起貸款申請通過後，透過在工商銀行設立的數位人民幣錢包收款。在還款方面，客戶在國晟小貸管道或工銀 e 繳費平臺，透過數位人民幣進行還款。對客戶而言，嘗試申請使用線上數位人民幣貸款，增加了收付款的新管道，速度快、效率高，進一步增加了普惠金融的便利性和可獲得性。對國晟小貸而言，數位人民幣應用於小額貸款場景，有望節省原來透過第三方產生的管道費用。

此外，數位人民幣錢包創建的便利性和帳戶的鬆耦合性，有助於其更便捷、更低成本地觸達客戶，同時可確保授信資金閉環流轉和用途真實可信，更有助於做好數位普惠融資服務^[143]。

---

[142]　京東企業業務支持數位人民幣採購支付，加速業內推動數位化採購升級 [EB/OL]。世鏈財經，[2021-08-23]。

[143]　中國首家，山東國晟小貸成功實現數位人民幣融資場景應用 [EB/OL]。中華網山東頻道，[2022-04-22]。

● **租賃資金監管**

深圳案例。2021 年 12 月初,深圳農行聯合華為完成業內首個數位人民幣雲側智能合約應用場景落地。在深圳住建局主導的租賃資金監管場景下,透過數位人民幣雲側智能合約,設定監管規則,租賃資金將按規則定期釋放到監管平臺,確保資金安全。當承租方(租客)透過智慧租賃平臺選房、簽約,並支付押金和租金後,資金會到達租賃企業(房東)的數位人民幣帳戶,同時生成智能合約,將資金綁定。智能引擎會在租金支付日自動釋放當月租金,並於租約到期後自動將數位人民幣押金退還承租方。在此流程之下,智能合約客觀上規範了長租公寓的資金使用,建立起了資金監管「防火墙」[144]。

第五節
鄉村振興場景

助力鄉村振興是數位人民幣的重要應用領域。目前,各試驗地區透過「政銀合作」的方式,將數位人民幣嵌入農產品交易場景中,利用智能合約提升涉農資金管理效率,改善數位人民幣支付結算服務。從長遠來看,合理選擇數位人民幣的試驗區域、精確選擇數位人民幣的試驗群體、有序推進數位人民幣的宣傳普及、逐步改變農村居民的傳統支付習慣等舉措,能夠提升數位人民幣服務鄉村振興的能力,有力推動中國鄉村振興策略的實現,切實利好農民群體。

---

[144] 數位人民幣智能合約應用現狀:至少5大場景,近期步伐明顯加快 [EB/OL]。鏈捕手搜狐號,[2022-02-21]。

● 保障涉農資金安全

中國涉農資金項目較多，包括農村公路修建、基本農田建設、農業綜合開發等農村基礎設施建設類資金，糧食直補、農資綜合直補等補貼類資金。

為了用好國家涉農項目資金，農業部門有一套項目資金使用、檢查、評估流程。各地流程都強調涉農資金在使用期中的檢查，還建立了事後審計制度來保證涉農資金「專款專用」，但這些措施存在時間滯後性，並且用於審計中的基礎數據資料有不規範上報漏洞，一旦審核查出資金違規使用或人員重大經濟違法問題，按照現有流程，項目資金可能無法快速追回。

如果在現行涉農資金管理流程基礎上，採取數位人民幣的可追溯技術，就可以避免這樣的問題。涉農資金主管部門可以與銀行簽訂智能發放合約，透過「硬錢包」發放數位人民幣給資金使用人後，就建立起了數位金融監管閉環。在使用過程中，農業主管部門就可以透過系統監督資金使用，關口前移減少了事中和事後檢查、審計成本。一旦發現使用問題，主管部門可以按照「智能合約」立即收回未使用資金，無須通知當事人，清楚定位已使用資金的流向並展開追查，最大限度保障政府資金安全[145]。

● 鄉村金融服務示範區

成都邛崍案例。邛崍作為國家城鄉融合發展試驗區試驗城市之一，以鄉村振興策略為契機，聚焦鄉村新消費、新場景、新業態，打造數位人民幣城鄉融合先行先試示範區。其一，建構數位人民幣應用生態圈。

---

[145] 當鄉村振興「遇見」數位人民幣 [EB/OL]。信息新報網易號，[2022-05-22]。

成立 5 家試驗銀行，開通數位人民幣消費支付場景。邛崍市圍繞建設數位人民幣城鄉融合先行先試示範區，從組織、宣傳等方面全面發力，開通覆蓋餐飲服務、生活消費、醫療衛生等場景，建構數位人民幣應用生態圈。其二，打造中國首個數位人民幣城鄉融合先行先試示範區。依託各鎮街重點打造特色旅遊民宿、商超農資服務點、村（社區）衛生診所、特色農產品銷售、公共繳費五大數位人民幣應用主題場景，覆蓋餐飲服務、生活消費、醫療衛生等多個領域。其三，助力鄉村振興和國家城鄉融合發展試驗區建設。圍繞臨邛古城城市有機更新和特色街區打造，加大宣傳推廣力度，提升大型商超以及特色餐飲零售等場景覆蓋面，打造數位人民幣應用場景示範街區 [146]。

廈門助力農業案例。2022 年 6 月 5 日，廈門農行與廈門產權交易中心合作舉辦「農業碳匯交易助鄉村數位人民幣萬人購」活動，這是中國首個「農業碳匯交易平臺創新數位人民幣應用場景」，開創了「農業碳匯 + 數位人民幣 + 鄉村振興」新模式。活動待售的蓮花鎮農業茶園碳匯總量為 34,327 噸，農行廈門分行為每筆碳匯交易提供了 20 元的補貼，即活動參與者使用農行掌銀掃碼，透過數位人民幣帳戶支付 1 元，可購得價值 21 元的 3 噸碳匯。不僅如此，每位透過農行掌上銀行數位人民幣帳戶購買農業碳匯活動的參與者，還有機會獲得農行掌上銀行「鷺享惠」智慧商圈美食、健身、綠色出行等消費優惠券。農行廈門分行期望透過豐富的活動體驗，引導廣大市民踐行綠色低碳行為，助力碳減排 [147]。

四川省彭州市寶山村案例。農業銀行四川分行率先在四川省彭州市寶山村整村推進數位人民幣試驗工作，推進數位人民幣與村民生活、產

[146]　成都邛崍市率先打造數位人民幣試驗示範區 [EB/OL]。成都本地寶，[2021-05-28]。
[147]　全中國首創「農業碳匯＋數位人民幣＋鄉村振興」新機制，就在廈門！[EB/OL]。中國城鄉金融報企鵝號，[2022-06-07]。

業發展、鄉村治理的有效融合，該村成為四川省首家「數位人民幣助力鄉村振興示範村」。在寶山村，數位人民幣的試驗對象全面涵蓋了村集體、村企業、店家、村民、員工及遊客等各類客戶，實現了政府端、企業端和消費者端全覆蓋。試驗領域涵蓋了村民日常生活、村民個體經營、公共服務事業（電費繳納、醫療支付等）、集團生產經營、鄉村旅遊等多個領域。數位人民幣被用於薪水薪酬、生活消費、電費繳納、鄉村客運、醫療支付、社保繳納等應用場景，促進了數位人民幣與鄉村振興的「雙向融合」[148]。

● 金融服務「三農」

上海青浦案例。在上海青浦，農戶 A 體驗了一把在「三農」場景中使用數位人民幣進行的投保、理賠和消費支付：2021 年，A 以數位人民幣形式在安信農保進行了投保。此後，由於遭受颱風影響，A 家種植的農作物遭受了損失，於是 A 便向安信農保公司提出申請賠償；而保險公司則很快也透過數位人民幣錢包的形式將賠款轉至了 A 的數位錢包。

A 在收到賠款後，到經常合作的蘇州為農種子有限公司購置了農業物資，還享受了數位人民幣的消費滿減優惠。

廈門國際銀行案例。廈門國際銀行在同安區蓮花鎮軍營村、白交祠村、五顯鎮竹壩華僑農場、洪塘鎮下墩村等鄉村設立了農村普惠金融服務點，讓村民們足不出村即可享受到便利的金融服務體驗，打通了農村普惠金融服務的「最後一公里」。各個農村普惠金融服務點配備助農 POS 機，為周邊村民提供助農取款、轉帳匯款、代理繳費、帳戶查詢等基礎支付服務，「可滿足村民日常生活 90％以上的便民金融需

---

[148]　農業銀行：助力建成四川首個數位人民幣示範村 [EB/OL]。證券時報網，[2022-07-02]。

求」。不僅如此，在保障日常金融業務基礎上，廈門國際銀行還展開金融知識宣傳講座、點對點展開科普與宣傳，讓金融知識走進農村、走進家庭，致力於將服務與知識送達、落實到每一家、每一戶。同時，將加快引導村民認識了解數位人民幣，並指導村民開通數位人民幣支付功能[149]。

蘇州馮夢龍村案例。位於蘇州相城區的馮夢龍村是中國第一個數位人民幣試驗示範村。自 2014 年以來，馮夢龍村每年都會發放股金給全村村民。2021 年，馮夢龍村首次用數位人民幣發放股金給村民，成為中國第一個用數位人民幣發放股金給村民的村子。以往發放股金，要麼就是現金支付、轉帳支票，要麼就是直接轉帳到村民的銀行帳戶，工作流程繁瑣、耗時長不說，總要跑銀行辦業務對於村裡一些上了年紀的人來說也不太方便。但自從使用數位人民幣發放股金之後，一切都變得十分簡單，村民們直接透過手機就能夠領到錢；村裡的老人們也不需要用智能手機，只需隨身攜帶一張小巧輕薄的「尊老卡」，用「碰一碰」的方式就可以收款、支付，甚至還能使用緊急呼叫等功能。如今，村裡嘗到了數位人民幣支付帶來的甜頭，還將部分老人的尊老金也以數位人民幣的形式發放[150]。在當地，紀念館、書院、郵輪碼頭、賣油郎油坊等地點都可以進行數位人民幣消費，助力了村民的日常消費[151]。

[149]　數位人民幣助力鄉村振興，廈門國際銀行打通農村普惠金融服務「最後一公里」[EB/OL]。金臺資訊企鵝號，[2022-04-29]。

[150]　蘇州這個村用數位人民幣發股金分紅，全中國首次 [EB/OL]。蘇州發布澎湃百家號，[2021-12-29]。

[151]　當鄉村振興「遇見」數位人民幣 [EB/OL]。信息新報網易號，[2022-05-22]。

第六節
綜合場景

綜合場景不僅涉及不同系統對接、高頻交易處理等問題，也涉及基礎設施建設和跨國、跨法律問題。中國現已成功試驗了冬奧、全運會等場景，在跨境支付和自貿區等場景中也展開了試驗。數位人民幣的全面推廣，離不開綜合場景的應用。

● 體育賽事

2022 北京冬奧會場景

2020 年的冬天，數位人民幣冬奧試驗應用正式啟動。冬奧場景圍繞食、住、行、遊、購、娛、醫七大重點領域的支付服務需求，打造特色鮮明的產品，例如，支付手套、支付徽章、支付服裝等可穿戴支付設備，保障了境內外消費者使用數位人民幣的支付體驗[152]。公開數據顯示，數位人民幣試驗覆蓋冬奧會全場景 40.3 萬個，交易金額達 96 億元[153]。

據了解，限於冬奧品牌權益方面規定，冬奧場館內只支持 VISA、人民幣實物現金和數位人民幣支付。與支付寶和微信支付不同，數位人民幣在場內訊號不好的條件下也可以使用，透過「碰一碰」、掃碼付等方式，可便捷實現非接觸支付，充分滿足冬奧的防疫要求，助力安全奧運。

---

[152] 北京數位人民幣試驗「周年記」，冬奧全場景應用「一文讀懂」 [EB/OL]。貝殼財經企鵝號，[2022-01-26]。

[153] 數位人民幣試驗覆蓋 40 餘萬個冬奧場景交易額 96 億元 [EB/OL]。中國新聞網百家號，[2022-02-10]。

　　不只是冬奧，為了迎接冬奧並配合冬奧應用場景，整個北京都在傾力打造數位人民幣的使用場景。在交通出行方面，目前已實現「億通行」App、「一卡通」App 對接數位人民幣，軌道交通人工售票窗口和自助機具也支持使用數位人民幣購票、儲值。在購物消費方面，王府井、世紀金源等重點商圈及物美超市等連鎖商店均已支持使用數位人民幣購物消費。在醫療衛生方面，已有 23 家定點醫院支持受理數位人民幣。

　　在文化旅遊方面，八達嶺長城線下購票場景、故宮內自營文娛商店場景、圓明園景區購票及購物場景，已完成數位人民幣受理環境建設。對於張家口賽區而言，數位人民幣應用覆蓋場館、酒店、餐飲、店家、郵政、交通、醫療等 5 萬餘個場景，共計創建對公、對私錢包 700 萬個。22 家冬奧簽約酒店 100%簽約確認支持數位人民幣支付受理；8 家冬奧定點醫院均可使用數位人民幣進行支付，張家口本地 2 家大型連鎖藥房均實現了數位人民幣受理。在交通出行方面，張家口和懷來高鐵站、崇延和張承高速公路收費站、市轄中石油加油站、崇禮汽車站、崇禮公車全部實現了數位人民幣支付受理，為冬奧相關人員及當地民眾提供了支付便利[154]。

全運會場景

　　在第十四屆全國運動會金融服務專屬團隊全力推動下，人們積極運用金融技術手段，全運會的運動員村、技術官員村和媒體記者村等範圍實現了數位人民幣場景「多點覆蓋」[155]。民眾也可以用數位人民幣購買全運會的門票。市民姚某用數位人民幣支付購買到了自己心儀的賽事門票[156]。

---

[154] 「碰一碰」、「掃一掃」數位人民幣實現冬奧場景全覆蓋 [EB/OL]。北青財經企鵝號，[2022-02-08]。

[155] 全運村內數位人民幣場景實現「多點覆蓋」[EB/OL]。行動支付網，[2021-09-16]。

[156] 全運會首張紙質門票以數位人民幣支付方式售出 [EB/OL]。行動支付網，[2021-09-01]。

大運會場景

成都世界大運會在籌備期間，深度打造了數位人民幣的應用場景，融合成都本地歷史文化元素、大運口號理念、蓉寶形象等創新推出了數位人民幣「硬錢包」。具體而言，成都建設「三‧六‧五」數位人民幣場景，即三大核心場景（大運村、賽事場館、主媒體中心）、六大應用場景（管理、住宿、餐飲、醫療、購物、出行）、五大體驗場景（天府國際金融中心、成都大學、東安湖體育中心、總部酒店、大運星餐飲樣板餐廳）。同時，將在閉環區域內，透過設立數位人民幣體驗咖啡機、數位人民幣智能兌換機以及展開形式多樣的大運會數位人民幣體驗活動等方式，做好數位人民幣宣傳、推廣和應用工作[157]。

跨境支付

2021 年 3 月，深圳展開了數位人民幣跨境支付測試，主要面向香港兩類居民：一類是經常往來深圳的香港居民，可透過香港居民來往內地通行證進行實名認證；一類是偶爾來深圳的香港居民，即僅持有香港居民身分證的居民，透過香港手機號匿名創建五類數位人民幣錢包。經測試成功驗證，香港居民可使用香港手機號碼匿名註冊創建數位人民幣五類錢包進行小額消費，購買商品時僅需出示付款碼即可透過 POS 機完成支付[158]。

● 海南自貿區

海南作為中國唯一的全省區域試驗數位人民幣的省分，自 2020 年底實施試驗工作以來，按照「展現自貿港特色、全省全域全面鋪開」的原

---

[157] 大運會數位人民幣硬體錢包發布，將深度打造應用場景 [EB/OL]。行動支付網，[2022-03-29]。
[158] 全國率先！深圳面對香港居民展開數位人民幣跨境支付測試 [EB/OL]。老楊說鏈企鵝號，[2021-04-01]。

則，以多樣性、象徵性、普惠性、可持續性為要求，積極推進數位人民幣應用推廣，打造數位人民幣試驗的「海南模式」，成效顯著。目前已經實現離島免稅店全覆蓋、大型商超全覆蓋、AA 級以上景區全覆蓋等；累計創建個人錢包 1,046.14 萬個、對公錢包 64.75 萬個；支持數位人民幣店家門店數量為 11.68 萬個；已有近 35 萬個場景正式展開試驗[159]。

---

[159]　海南全域展開數位人民幣試驗，成效幾何？ [EB/OL]。界面新聞企鵝號，[2022-03-01]。

第八章

數位人民幣對金融業的影響

數位人民幣是中國中央銀行順應數位經濟變革進行的貨幣創新，它的出現符合資訊時代金融業發展的現實需要。其積極影響大於可能存在的負面影響，金融業界要未雨綢繆，主動迎接這一變革。本章從當前數位人民幣試驗的具體情況出發，梳理數位人民幣的發行將帶給國際、中國金融行業影響。

第一節
數位人民幣生態格局演變

數位技術驅動人民幣在形態上發生了轉變，由紙質貨幣或者硬幣形式轉換為數位形式，支付行業也會隨之轉型，由只能接受紙質貨幣或者硬幣，轉變為可以接受方便、快捷、安全的電子貨幣。這也意味著，數位人民幣的出現，會對支付生態系統產生漸進式影響。在數位人民幣試驗中，中國人民銀行等主體依循共享、共治的技術道路，共同推進理論、技術的研發與試驗，初步形成新型支付生態系統。

● 支付格局的演變

數位人民幣的優點，如提升資金結算效率和資金周轉效率、不依賴銀行帳戶進行資金轉移、減少清結算的信用風險和流動性風險、有效杜絕假

幣、能夠離線使用等，使其在支付格局中占有一席之地。可以預見，隨著囊括生活方方面面的應用場景不斷被開拓，數位人民幣必將改變支付格局。

促進多主體參與

數位人民幣的設計與研發由數位貨幣研究所與相關機構參與，技術相對成熟之後，由中國人民銀行負責發行數位人民幣，對數位人民幣的試驗及應用推廣進行頂層設計，維護數位人民幣的安全與穩定，並指定符合條件的商業銀行及其他機構參與研發與試驗[160]。

之後，商業銀行開發各類數位錢包，向社會大眾兌換數位人民幣，對接各類線上服務平臺，在各試驗地區、場景中推廣數位人民幣。有影響力、有創新能力的企業，如京東集團、美團、順豐速運等，開拓了數位人民幣在電子商務、金融科技、餐飲等領域的應用場景。各試驗地區的社會大眾可體驗日常消費、生活繳費、校園支付等電子支付服務。也就是說，整個支付生態系統包含主要扮演研發角色的研究機構和中國人民銀行、負責推廣給大眾的商業銀行、不斷嘗試創新的企業，以及使用數位人民幣的民眾。

處於數位人民幣生態系統中的多元主體，在爭取線下用戶的過程中，尤其是在數位人民幣推廣初期，需要以更加積極開放的姿態，主動引入外部生態，合力打造豐富的生活、社交、消費等各類支付場景，並利用人工智慧、雲端運算等尖端技術對數位人民幣使用者的底層交易數據和交易行為進行深入分析，不斷提升個性化服務水準，更好地滿足人們在衣、食、住、行、娛樂、醫療等各方面的需求，不斷做細、做實、做優服務工作，以此提高用戶黏性，有效拓寬經營邊界，實現多元主體的互利共贏和良性循環。

---

[160]　中國人民銀行數位人民幣研發工作組。中國數位人民幣的研發進展白皮書 [EB/OL]。中國政府網，[2021-07-16]。

促進環境改善

當前，數位人民幣試驗主要在經濟發達、科技進步、信用環境良好的地區進行。這些地區客戶群體龐大、大眾認知度高、非現金支付活躍，商業銀行、支付機構及企業具備很強的創新能力。數位人民幣推進了支付設備升級改造，推動了試驗地區政府謀劃數位經濟發展，制定了地方性法規及相關制度，為未來數位人民幣的流通奠定了基礎。

數位人民幣生態系統的建構和正常營運離不開軟硬體設施、資訊通信技術等的支撐，也需要開發數位錢包、在設備上加載數位人民幣功能等。因此，在數位人民幣逐步落地的過程中，IT、清算、支付等各類設施與服務逐步完善，「發行流通＋交易場景 ＋技術創新＋設備改造」的產業鏈條也逐步形成。

促進支付方式多元化

數位人民幣具備的支付功能和安全性能，有望打破第三方支付對零售支付市場的壟斷。2020 年，微信支付與支付寶占據中國零售支付市場份額的 94% [161]，形成雙寡頭壟斷格局和科技巨頭的「DNA」[162] 生態，存在平臺壟斷、場景割據及內卷等負面效應。數位人民幣的引入，實現了科技巨頭的支付數據與其他場景數據的互聯互通，不僅可以打破零售支付壟斷，更有利於中央銀行實施必要的金融監管 [163]。

[161]　CŒURÉ B。Finance Disrupted [EB/OL]。BIS Innovation Hub speech。Geneva: the 23rd Geneva Conference on the World Economy，[2021-10-07]。

[162]　數據分析、網路外部性和多元商業活動（Data analytics，Network externalities and Interwoven activities）的簡稱。主要指科技巨頭利用自身的技術優勢和市場優勢，利用支付、社交等數據展開數據分析、網路外部性和多元商業活動。「DNA」既是科技巨頭研發與創新的優勢，也是金融風險來源之一。數位人民幣的推廣亦將形成「DNA」生態，建構數位人民幣數據產業鏈。善用「DNA」可以遏制金融風險，使其發揮產業化的規模效應。

[163]　劉典。數位人民幣：數位經濟的生態重構與全球競爭 [J]。文化縱橫，2021（1）。

● 支付行業的演變

C 端市場的演變

　　C 端市場也就是消費者市場。消費者是數位人民幣最主要的客戶群體，其支付業務具有高頻、小額的特點。數位人民幣的應用場景增多，有望推動零售支付市場實現轉型升級。商業銀行與第三方支付機構將主要在便捷性、可靠性、低成本等方面展開競爭，在競爭中促進科技進步、效率提升。例如，商業銀行可以脫離傳統帳戶束縛，透過數位錢包 App 提供近場支付、雙離線支付等特色服務；而第三方支付將新增數位人民幣支付功能，開拓創新個性化服務。

B 端市場的演變

　　B 端市場是企業支付市場，特點在於金額大、流動性強，但不像 C 端市場那樣支付交易頻發。數位人民幣在 B 端市場的拓展場景，有助於打通企業級支付，貫穿企業營運各環節場景，借助於現金流運行，沈澱出足夠的數據，基於這些信息資源，加速實現店家的數位化，對企業資金、產品等進行綜合管理和記錄。不僅如此，還能幫助企業建構完善的上下游供應鏈等各細分場景，實現傳統店家、企業的網路化，降本增效 [164]。

G 端市場的演變

　　G 端市場主要是財政支付管道，具有公共物品的特性。數位人民幣有助於政府更好地履行給付行政職能，實現財政轉移支付、財政扶持的數位化，是未來支付行業發展的新方向。在新冠肺炎疫情暴發後，由於

---

[164]　王君暉。數位人民幣加速「攻城略地」B 端市場想象空間巨大 [EB/OL]。證券日報網，[2021-07-12]。

社交隔離等措施的實施，國內外已開始探索社會福利的非現金支付方式，如美國探索透過「數位美元」帳戶向個人和企業發放補貼。數位人民幣將改善補貼發放、豐富補貼品種，亦可監測財政扶持政策執行情況，提升財政補貼及轉移支付的精準度。同時，數位人民幣的使用還將促使政府實現數位化轉型，改善數字經濟中政府與市場主體的關係。

● 商業銀行的演變

隨著數位人民幣的發行與營運，商業銀行中與現金管理、反洗錢工作等相關的人力和物力將逐步得到釋放。因為數位人民幣會替代一部分鈔票現金，相關業務將逐步減少，相關的營運支出也將降低，這也就意味著會減少現金管理人員，減少 ATM 及其維護維修人員，減少金庫建設的成本、現金押運的開支等。此外，隨著共享資訊集散能力、大數據分析能力、資金交易追蹤能力的進一步提高，商業銀行一部分人力和物力將逐步從繁瑣而低效的傳統反洗錢、反恐怖分子籌資活動等工作中釋放出來，從而降低商業銀行相關的支出負擔。釋放的人力資源、減少的成本可更多地投入服務板塊，不斷增強客戶體驗。

商業銀行無須對數位人民幣付息，隨著數位人民幣的普及，將「擠出」一部分銀行存款貨幣，因此會減少很大一部分利息支出的成本。

由此可知，在數位人民幣的生態系統中，商業銀行能夠依靠數位人民幣的不斷發展、成熟，降低自身相關的營運成本，促使商業銀行由傳統形態向輕型化轉型。

第二節
數位人民幣對金融業的積極影響

數位人民幣的出現符合金融業當前發展的需要，從現有的經驗看，數位人民幣的發行對大眾、中央銀行、企業、中國國際金融體系都會產生正向積極影響。

● 普惠金融逐步發展[165]

數位人民幣將推進中國普惠金融發展，讓更多民眾分享金融科技進步的紅利。

「數位人民幣（試驗版）」App 可為偏僻地區農民提供基礎性金融服務。同時，數位人民幣可為政府扶貧款、救濟款、農林牧漁業等各項補貼的發放提供直達到戶的政策工具。首先，能夠改變過去傳統的逐級下發模式，防止出現政府專項補貼落實不及時、不到位、層層設卡、擅自截留挪用等亂象，提高政府專項補貼資金到位的及時性和精準度。其次，能夠進行精準追蹤，了解掌握各項專用資金的發放進度及使用情況。農民工群體尤可從中受益。如果農民工的部分薪水以數位人民幣形式發放，一方面，可以更好地解決薪水拖欠問題，有利於相關部門的監管；另一方面，可以引導推進農民、農村、農業融入數位經濟，為數位人民幣的流通和結算創造更好的環境。

數位人民幣還為小微企業及個人貸款的發放提供了便捷途徑，能夠切實降低企業交易支付成本。商業銀行可依據數位人民幣大數據技術了解借款人及其家庭成員的金融資產和負債償還能力，從而準確地判斷貸

---

[165]　莫開偉。數位人民幣將如何影響行業格局？ [EB/OL]。行動支付網，[2022-01-14]。

款風險狀況，提高個人貸款的審批速度和效率。同時，人民幣數位化營運可以在很大程度上緩解銀企資訊不對等的矛盾，對企業生產經營情況做出更加準確的分析判斷，為企業精準畫像，為信貸決策提供參考。另外，可以配合貸後檢查，了解資金去向，避免挪用信貸資金問題，更有利於信貸風險管理。此外，隨著數位人民幣的推廣應用及其在各個領域的普及，將實現企業和個人稅費、醫保費用、教育費附加等費用的自動統一劃撥，還可以實現和公務卡綁定，簡化差旅費報銷流程。另外，如果將其與政府相關資訊關聯，還可以隨時隨地查詢社保、公積金、個人所得稅等信息，水、電、氣、暖、管理等生活繳費情況，大眾運輸、高鐵、航班、天氣預報等信息，為普通民眾的日常生活帶來各種便利。

● 改善中央銀行對金融市場的監管

實物貨幣投放之後，中央銀行就失去了對貨幣的掌控，只能夠透過傳統的各類統計指標、財務報表，採用現場、非現場檢查等方式了解貨幣走向，無法保證貨幣最終流向實體部門，並實現中央銀行的政策目標。

數位人民幣可以使中央銀行實現追蹤和監控，實時採集流通過程中的詳細數據，有效測量貨幣流通、周轉速度，統計貨幣總量和貨幣結構。利用大數據、人工智慧、雲端運算等技術賦能金融監管手段，可以提高中央銀行公開市場操作和利率調節的精確性。同時，數位人民幣還可以與人工智慧技術相結合，實現精細化投放、結構化管理，從而改善資源配置，加強政策預期管理，使貨幣政策的實施更加精準有效。另外，數位人民幣能夠提供可追溯的完整帳本，簡化統計工作流程，提升數據品質。由此可見，數位人民幣是金融監管的有力技術手段[166]。

[166]　葉凡。數位人民幣對金融體系有何影響？梳理 DC/EP 產業鏈投資機會 [EB/OL]。元宇宙之家，[2022-07-21]。

● 支持商業銀行的發展

數位人民幣為商業銀行重掌支付入口創造了機遇和條件。商業銀行可充分利用自身優勢，打造便捷、安全、高效的支付結算體系，豐富金融服務和產品，擴展生態場景，更好地提供 G、B、C 端一體化、綜合化服務 [167]。

數位人民幣將推動大數據在商業銀行中的應用。隨著數位人民幣的使用和流通，將會在支付場景中產生維度豐富的大數據。這些大數據流能極大推動商業銀行的發展。一是貸前透過對企業及其供應鏈上下游資訊的加工，能降低銀企資訊不對等程度，更有利於小微企業獲得必要的金融支持。二是監控貸款使用流向，及時發現企業經營中的問題，降低貸款違約風險。三是運用交易數據流對個人客戶進行精準畫像和行為分析，判斷客戶的真實信用水準和還款意願，提高審貸、批貸的效率和精準度。

除此之外，數位人民幣還將促使商業銀行形成比較優勢。數位人民幣錢包是超越商業銀行存在的超級帳戶，不依賴某個商業銀行存在，用戶可以選擇綁定某個商業銀行的帳戶，但不是必需的。這就有可能帶來一個非常明顯的競爭機制。如果商業銀行僅僅將自身定位為一種貨幣兌換的中介，那麼就很難形成在數位人民幣時代的比較優勢。數位人民幣將迫使商業銀行向提供更高附加值的服務轉型，向產品創新轉型。在數位人民幣時代，金融數位化程度將進一步加深，馬太效應（Matthew Effect）將更加明顯。跨界優勢大、創新服務多、產品有更多價值的商業銀行將能從數位人民幣生態中獲得更多的用戶，產品創新能力差的商業銀行將更難吸收到資金和客戶 [168]。

---

[167]　金融科技深度研究｜數位人民幣帶來的影響和機遇 [EB/OL]。金融科技筆記百家號，[2020-11-06]。
[168]　孫揚。數位人民幣將如何改變金融生態？ [EB/OL]。蘇寧金融研究院微信公眾號，[2020-10-21]。

● 促進投資與貿易的發展

按照市場主體分類，數位人民幣產業鏈可以分為上游（中央銀行）、中游（商業銀行、第三方支付機構）和下游（用戶）。在上游產業中，數位人民幣的研發設計主要由中央銀行負責，但數位人民幣的安全性、便捷性等對科學技術能力的要求較高，因此安全加密、KYC[169] 認證等相關高技術行業的龍頭企業有望與中央銀行合作，參與數位人民幣的研發、發行及之後的一系列工作。

在中游產業中，銀行 IT 架構改造將帶來巨大機遇，包括數位貨幣系統、核心業務系統等的新設、改造等。在數位人民幣推行前期，為大型商業銀行提供 IT 技術的頭部廠商將搶占先機，為大型商業銀行的分銷提供技術支撐。支付行業的龍頭企業有望參與數位人民幣貨幣的營運，開發新型核心業務模式，加速行業分化。在下游產業中，對智能 POS 機、ATM 等支付終端的改造升級一馬當先，相應的硬體設備生產企業將迎來新的商業機會 [170]。

數位人民幣能夠帶動整個產業鏈的發展，其自身也能在國際貿易中發揮獨有的作用。當在國際市場進行外幣交易時，需要先從帳戶轉出資金，再由國際結算銀行進行清算，再換成外幣，再清算給外國銀行。整個過程涉及諸多手續，不僅步驟繁瑣、交易費用較高，而且耗時較長。資金經付款行到達最後的收款行時，需要中轉數個銀行，每個銀行的營業時間不同且每個銀行都需要經過與反洗錢、反恐怖主義融資審查相關的工作流程，都會延長到款時間。但數位人民幣的出現可以簡化支付過

[169]　全稱為 Know Your Customer，譯為「了解你的客戶」，指對帳戶持有人的強化審查，以了解資金來源合法性，是反洗錢領域用於預防腐敗的制度基礎。

[170]　葉凡。數位人民幣對金融體系有何影響？梳理 DC/EP 產業鏈投資機會 [EB/OL]。元宇宙之家，[2022-07-21]。

程，用於支付的資金不需要再轉到國際結算銀行進行清算，而是可以直接轉到接受數位人民幣的換匯機構，然後由此機構轉到賣家[171]。由此可見，數位人民幣能夠提升國際金融效率，促進國際貿易不斷發展。

● 維護國際金融體系穩定 [172]

中國數位貨幣的建設進展處於世界尖端。可運用數位人民幣建設經驗，積極參與到全球數位金融基礎設施建設之中，提升自身在全球數位貨幣規則、標準制定中的話語權，與其他國家一起分享數位人民幣在研發、發行、流通等技術及標準等方面的經驗，與全球金融基礎設施進行互聯，建立有效的服務體系[173]，在國際合作中，進一步推動數位人民幣的金融服務場景拓寬至供應鏈金融、普惠金融、跨境貿易等場景，實現業務場景創新，推動金融更好地服務實體經濟。

目前，不管在國內還是國外，數位人民幣都可以透過提升資金的周轉效率來提高金融市場的穩定性。數位人民幣可以進行點對點交易，保證資金的即時結算，實現信息與價值的統一。在中國，數位人民幣的特徵使其能夠加快資金的周轉速度，增加企業的流動性資金。企業擁有的流動性資金更多，意味著向金融機構借錢的需求將會減少，透過銀行信貸創造的流動性資產數量就會減少，因此能夠提高金融市場的穩定性。

目前，國際主流的跨境支付體系主要依賴 SWIFT 系統，但 SWIFT 存在環節多、效率低、不透明和價格高的局限性。建構基於數位人民幣的跨境支付結算體系，將有助於打造實時的、去中心化的、跨系統同步的、零支付手續費的「支付即結算」的直接模式，極大提升效率、透明

---

[171]　王便芳、魏慧敏。數位貨幣對中國金融體系的影響分析 [J]。徵信，2021，39（8）：83-88。
[172]　鄒松濤。淺析數位人民幣的本質，特徵及影響 [EB/OL]。參考網，[2021-10-25]。
[173]　陶立敏。數位人民幣發展的機遇、挑戰及政策建議 [J]。企業經濟，2022，41（2）：5-16。

度和安全性。建構數位人民幣跨境支付結算體系，充分發揮數位人民幣的先發優勢，有助於維護中國的金融安全和國際金融穩定。此外，數位人民幣的跨境應用，有助於人民幣的普及和推廣，打破現有的跨國支付體系壟斷，加速人民幣國際化進程[174]。

第三節
數位人民幣對金融業的負面影響

數位人民幣對金融業有著「鯰魚」的雙面效應[175]，除了有積極影響之外，也會對現有的金融市場和金融系統產生一定的衝擊，因此有必要明確數位人民幣對中國金融系統的負面影響，進而有針對性地制定相應的防範措施[176]。

● 「擠出」銀行存款

數位人民幣當前正處於試驗階段，在整個市場中的投放數額不大，對現有金融秩序的影響較小，但數位人民幣與銀行存款貨幣同為法定貨幣、信用貨幣，數位人民幣的出現必然會對銀行存款貨幣產生衝擊和影響[177]。

衝擊和影響具體展現在，銀行存款貨幣可能會因為數位人民幣的出現而面臨流失。近年來，第三方支付平臺不斷發展，其具有的高效性、便捷性與安全性等優勢非常吸引用戶，造成存款大量流出商業銀行。中國人民銀行的統計數據顯示，商業銀行的 M1 貨幣量持續低成長，甚至

[174] 鄒松濤。淺析數位人民幣的本質，特徵及影響 [EB/OL]。參考網，[2021-10-25]。
[175] 黃敏學。數位人民幣的市場發展與運作機理 [J]。人民論壇，2021（19）：78-81。
[176] 談數位人民幣對中國金融系統的雙重影響 [EB/OL]。行動支付網，[2021-12-23]。
[177] 閆夏秋、楊鑫逸。數位人民幣對存款貨幣的影響與協調對策 [J]。財會月刊，2022（3）：148-153。

在部分時間段出現負成長。數位人民幣同樣具有第三方支付的優勢，並且數位人民幣的發行主體為中央銀行，會使得客戶對其具有更高的信任度。由此可合理推斷，隨著數位人民幣的逐步推廣，銀行存款貨幣會從商業銀行大幅流向數位人民幣錢包。不單單是個人，企業的對公帳戶存款貨幣也會出於便捷交易的需要流向數位人民幣錢包[178]。

《中華人民共和國商業銀行法》明確規定了客戶享有存款自願、取款自由的權利。這意味著即使發生大量存款流出的情形，商業銀行也不能以維護金融系統安全為由拒絕客戶的資金流出申請。對於客戶來說，更便捷、安全的支付工具無疑是符合其需求的最優選擇。因此，存款貨幣的流失將成為一種可預期的現實。

從理論上講，數位人民幣「擠出」銀行存款可能是因為三種機制。第一種叫作「危機時期的擠兌機制」，即在銀行危機時期，數位人民幣可能對銀行存款形成擠兌，人們會更方便地把存款變成數位人民幣。第二種被稱為「習慣機制」。習慣機制是指用戶一旦習慣了使用數位人民幣，在後續支付中就會形成一定的支付習慣，造成對活期存款、現有行動支付 App 的替代。第三種叫作「綁定機制」，是指中央銀行帳戶可以作為身分證明與其他手機 App 進行綁定，改變金融科技的架構體系。數位人民幣在中國遵循與帳戶鬆耦合的機制，現在人們不一定會選擇解綁自己的卡，再去綁定中央銀行的帳戶，因為既有的支付習慣不那麼容易改變。但是如果下一代的第一個帳戶就是中央銀行的帳戶，人們就可能透過這個帳戶去綁定其他支付工具。綁定機制的效應在現在看來可能是很小的，但是隨著代際的推移，有可能會逐漸增大，甚至占據主導地位。

---

[178]　徐文彬。中央銀行數位貨幣（DCEP）重塑銀行體系的前景展望 [J]。稅務與經濟，2020（5）：29-36。

那時，數位人民幣衝擊的就不僅僅是現有的支付格局，還可能會改變整個金融科技的底層架構，因為支付資訊的流動本身就是最基礎的數據[179]。

● 影響第三方支付

數位人民幣本質上與第三方支付並不存在衝突。前者是「錢」，是數位形式的法定貨幣；後者是「錢包」，是貨幣的支付運行設施和體系、方式，是為貨幣流通服務的。因此，從嚴格意義上講，數位人民幣與第三方支付並不存在競爭關係。

不過，從數位人民幣的試驗工作來看，其在零售支付場景的使用，無論是依憑的支付終端還是支付體驗，都與現有的第三方支付在諸多方面存在重合。同時，使用數位人民幣進行支付相較於第三方支付，在安全性、便捷性、費用成本等方面都存在優勢，其中費用成本的優勢或成為衝擊第三方支付的關鍵因素。例如，被支付收單機構壟斷的零售店家使用數位人民幣的收單業務，可以顯著降低交易手續費，獲得更強的議價能力。如果數位人民幣被大範圍使用，零售商勢必會因為第三方支付的手續費昂貴，轉而選擇數位人民幣[180]。

數位人民幣的出現，除了為第三方支付平臺帶來成本壓力外，還會造成流量擠壓，並進一步衝擊衍生業務。例如，越來越多的人使用數位人民幣錢包而不是支付寶，對於個人而言，節省了從支付寶中提現的手續費；而對於支付寶而言，支付服務費用收入就面臨下降[181]。

[179]　北大數位金融研究中心未名湖數位金融研究。中央銀行數位貨幣將如何改變金融生態？[EB/OL]。北京大學數位金融研究中心，[2020-06-19]。

[180]　孫揚。數位人民幣將如何改變金融生態？[EB/OL]。蘇寧金融研究院微信公眾號，[2020-10-21]。

[181]　澤玲、雨林。數位人民幣時代，第三方支付面臨的挑戰與機遇 [EB/OL]。幣世界企鵝號，[2020-11-21]。

● 影響現有的金融監管體系

數位人民幣帶來了金融科技變革、支付場景變化以及金融業務擴張，原有的監管體制已經很難適應電子貨幣的現實訴求。數位人民幣對金融業的影響仍然面臨諸多不確定性，不僅需要資金、技術、人才的投入，更需要觀念、組織、模式的革新。在這一背景下，金融管理制度如果不創新、不完善，就很難對轉嫁風險進行有效監管。此外，由於數位人民幣具有匿名性的特徵，很容易被網路駭客盯上，將數位人民幣作為攻擊目標，成為數位人民幣的網路安全挑戰[182]。

換言之，當前只有針對傳統人民幣設定的發行、流通以及監管的相關法律法規。數位人民幣與實物人民幣存在一定的差異，所以其發行會對現有的金融監管體系產生很大的影響。建立專業化的數位人民幣監管機制，變得尤為重要[183]。

▋第四節
▋數位人民幣助力金融業發展

數位人民幣可能為金融科技類公司帶來創新的土壤和重要的基礎設施，也可能為商業銀行和其他金融機構帶來商業機會，尤其是在數位化轉型方面[184]。

---

[182] 談數位人民幣對中國金融系統的雙重影響 [EB/OL]。行動支付網，[2021-12-31]。

[183] 張姝哲。數位人民幣的體系架構及其發行對經濟運行的影響 [J]。企業經濟，2020，39（12）：147-153。

[184] 黃國平、丁一、李婉溶。數位人民幣的發展態勢、影響衝擊及政策建議 [J]。財經問題研究，2021（6）：60-69。

● 金融行業數位化轉型

從金融科技類公司的角度來看，數位人民幣把「錢」從根本上進行了數位化，也就是說，人民幣的發行、流通、儲存、投資、跨境流動等所有環節都可以變成「數據」，這為金融科技公司利用大數據、區塊鏈、人工智慧、雲端運算，甚至物聯網技術來連結和處理這些數據打通了「最後一公里」。因此，已經處於全球領先地位的中國金融科技領域，在數位人民幣正式推出之後或將迎來嶄新的歷史發展機遇。

從商業銀行等金融機構來看，「數據」也可能為它們帶來革命性的創新。從長遠來看，商業銀行可能脫胎換骨轉換成「信貸數據管理公司」，如利用區塊鏈、生物識別及大數據等技術，集中管理客戶的財務資料。未來，商業銀行和金融科技公司的邊界可能更難分清，兩者整合可能成為大趨勢 [185]。

● 加強金融安全

正如前文所言，數位人民幣會促進中央銀行著力完善監管體系。在中央銀行的引導下，商業銀行也會參與到維護中國金融體系安全的工作中。為防止不法分子利用新技術展開違規業務，一切與數位人民幣相關的新技術和新業務都要納入監管體系，在規定範圍內合規經營。重點要加強對金融科技企業及網際網路金融企業的監管，強化對信息技術風險、外包風險和其他技術操作風險的監管，絕不能因為技術業務外包而降低監管標準 [186]。

---

[185] 中央銀行首次發布數位人民幣白皮書！供應鏈金融格局將有重大突破 [EB/OL]。萬聯智慧企鵝號，[2021-07-23]。

[186] 張姝哲、韓興國。數位人民幣營運模式、政策影響與發展建議 [J]。理論月刊，2020（10）：50-58。

●促進供應鏈金融發展

在數位技術的深度融合下，供應鏈金融作為數位金融重要應用領域，其發展也有望提速。在數位金融發展大勢下，數位人民幣將有力促進金融創新，變革金融機構服務方式。其可編程性、不可篡改性、匿名性等優勢，以及大數據、人工智慧等技術的深度加持，會重構目前的金融服務方式。電子支付、數位信貸、數位理財等金融新業態將會更加成熟和普及。隨著金融科技的落地應用、產業網際網路的發展，供應鏈金融在金融業務中的地位將日益凸出，其服務實體經濟的能力將得到放大成長。

透過數位化的供應鏈金融挖掘產業鏈的數據價值，建立行業「數據鏈」，逐步加強供應鏈上下游的深度融合，建構基於上下游的產融生態，推動供應鏈的「數位基礎設施」搭建，進而賦能信用穿透，增強供應鏈上下游小微企業的商業信用和融資能力，將普惠金融的資金更精準地投向實體經濟。

第九章

「數位人民幣」騙局的識別與防控

數位人民幣昭示著數位經濟時代的到來，不法分子也「聞風而動」，涉及數位貨幣、數位人民幣的違法犯罪防不勝防。新時代的公民應當全面認識數位人民幣，警惕各類騙局，防範風險事件，維護自身合法權益，練就一雙「火眼金睛」。

▍第一節
▍「數位人民幣」詐騙套路多

不法分子利用人們對數位人民幣缺乏了解、躍躍欲試的心態，打著「數位人民幣」的幌子，進行詐騙或洗錢活動，造成很多人信息泄露、財產受損。目前，不法分子往往以公檢法調查或展開數位人民幣活動為借口，透過虛構事實、設置釣魚軟體或網站等手段，引誘廣大消費者上當受騙。

● 以「公檢法」的名義行騙

這種犯罪行為最常見。詐騙分子冒充警察機關、司法機關及其他官方機構，實行電話詐騙、發送虛假「數位人民幣」試驗預約簡訊等。他們會告知用戶已違反法律法規，迫使其配合調查工作，誘導用戶點擊虛假連結或下載虛假 App 等，或者要求其開通數位人民幣錢包，令其將銀

行卡資金轉換成數位人民幣，再轉出至目標帳戶騙取資金。

廖女士受騙案。2021 年 11 月，廖女士接到一名陌生男子的來電。該男子自稱是北京密雲警察局的，聲稱廖某開通的一張北京信用卡涉嫌洗錢，需要調查其名下所有銀行帳戶。廖女士信以為真，根據對方的提示，將自己銀行帳戶的資金轉到了其新辦理的一張銀行卡內，並下載註冊了所謂的「安全衛士」App。隨後，她又開通 App 內「數位人民幣」功能，向對方提供了收到的簡訊驗證碼。最終，廖女士被騙走 37 萬元。

徐某受騙案。2020 年 11 月，成都徐某接到一個陌生電話，對方自稱是成都市警察局民警，說徐某名下的銀行帳戶涉嫌一起詐騙案，該案將在成都市中級人民法院開庭審判，需要他配合警察局進行調查。接著，對方以驗證銀行存款來源合法性的名義，誘導徐某在手機上填寫了個人及銀行帳戶資料，按照對方的指示將錢全部轉到名下工商銀行帳戶。騙子又利用其身分資料，在中國銀行註冊數位人民幣錢包，將帳戶內的 9.8 萬元全部轉走。

趙某受騙案。2020 年 10 月，浙江杭州臨安趙某遭遇冒充「公檢法」詐騙。對方以受害人涉嫌洗錢為名，要求受害人提供個人資料、銀行卡號、手機驗證碼、錄製自拍影片等「自證清白」，並利用「網易會議」軟體，透過共享屏幕，遠程指示受害人操作。隨後，詐騙分子為趙某開通了數位人民幣錢包，將其工商銀行卡內資金轉至數位錢包，再將數位人民幣轉出。趙某因此被騙 7.9 萬元。

● 假借數位人民幣推廣活動之名行騙

這類案件也比較常見，通常以學習知識、推廣活動、領取獎勵等為借口，誘使用戶上當受騙。

　　假借「宣傳學習」進行傳銷與詐騙。不法分子建立所謂「數位貨幣DC/EP學習群」，謊稱數位人民幣由商業銀行和私人機構同時進行推廣，私人機構「有多層推廣收益」，使用其提供的「e-CNY」收款碼就可以參與推廣。參與者若向朋友和其他商家推廣成功，就可以獲得「兩層收益」。此外，不法分子還盜用數位人民幣試驗活動中的官方素材，甚至編造新聞稿、虛擬「與中央銀行簽署合作協議」會議場景等以混淆視聽，騙取公共資金。

　　楊某受騙案。2021年2月，蘇州市楊某在好友貼文裡，看到了數位人民幣試驗發行預約資訊登記活動。隨後，他收到了一條「數位人民幣DC/EP試驗發行預約資訊登記」的手機簡訊，該簡訊附帶了一個網址連結。楊某回想起好友貼文裡的活動資訊，便相信了該簡訊內容，並點開了網址。隨後，系統提示楊某卡內需要有餘額1萬元，才可以體驗數位人民幣。楊某信以為真，將1萬元轉入登記的銀行卡內。等楊某警覺起來，才發現其銀行卡內的1萬元已被轉走。

　　釣魚網站詐騙。網頁樣本監測發現，有的不法分子採取移花接木的方式，截取央視新聞數位人民幣科普海報，加工成貌似官方的網站，透過釣魚網站、釣魚App騙取用戶資金。

● 以投資理財為誘餌行騙

　　不法分子冒用數位人民幣名義，在資產平臺展開交易活動。

　　他們假借搞活動、理財投資，鼓吹「數位人民幣」項目具有高額收益，騙取用戶儲值。這類騙子利用人們的投資趨利心理，利用用戶尤其是老年人對電子支付方式的不了解，進行詐騙。

　　張某投資受騙案。北京老人張某一日收到網友推介，聲稱集齊中央

銀行寄出的 6 張數位人民幣銀行卡後，可在 2022 年元旦到冬奧會期間兌換 100 萬元數位人民幣，而這筆錢用於參與國家支持的養老院建設項目。在騙子行騙過程中，張大爺收到一張「數位人民幣銀行卡」，卡片正面印有「數位貨幣開通卡」的字樣和 16 位卡號，卡片背面還印有「數位貨幣卡全球通用」、「此卡不記名不轉贈如有丟失無法補卡」、「集齊全套即可開通」等提示。所幸的是，張大爺在家人的幫助下，及時識破了騙局，果斷向警方報案，這才避免了財產損失。

假數位資產交易案。個別機構冒用中國人民銀行名義，將一些數位產品冠以「DC/EP」或「DCEP」之名，在數位資產交易平臺上進行交易。

● 防不勝防的洗錢陷阱

數位人民幣洗錢案。2021 年 9 月中旬，屈某接到一個陌生電話，稱其網購的物品存在品質問題。對方準備以他購買價款 3 倍的金額對他進行補償。隨後，對方以「驗證身分」為由要求屈某轉帳。屈某按照對方提示轉移了多筆資金，累計金額達 20 多萬元。轉帳過後不久，屈某意識到自己上當受騙，旋即向警察局報警。警察局刑偵大隊受理報警後，經過多方走訪調查查明，屈某的多筆轉帳款項最終都流向一個資金為數位人民幣的特定電子錢包。透過進一步分析，刑偵大隊鎖定了身處福建的嫌疑人林某。偵查員連夜前往福建偵破案件，相繼抓獲林某等犯罪嫌疑人 11 人。原來林某一夥人利用數位人民幣的高隱蔽性特點，為藏匿在柬埔寨的詐騙團夥洗錢。林某的柬埔寨「上線」告訴她，建議找身邊的人開通數位人民幣錢包，探索利用數位人民幣洗錢。於是林某依照其「上線」吩咐，企圖以數位錢包隱匿從屈某處詐騙得來的資金。

第二節
識別和防範「數位人民幣」騙局

各類「數位人民幣」詐騙案件層出不窮，花樣翻新。社會大眾一定要樹立正確的觀念，及時關注和了解數位人民幣發展的最新動態，不斷提高警惕，避免上當受騙。

● 中央銀行和金融機構怎麼辦

中央銀行、金融機構應當恪守反假幣、反洗錢、反恐怖分子籌資活動的法律制度，利用數位人民幣的安全防控技術、大數據分析技術，做好對數位人民幣非法交易資訊的監測與處置。金融監管機構、金融機構職員應當知曉相關法律制度（見專欄 9.1）。

專欄 9.1 反洗錢法律制度概覽

一、《中華人民共和國刑法修正案（十一）》

十四、將刑法第一百九十一條修改為：「為掩飾、隱瞞毒品犯罪、黑社會性質的組織犯罪、恐怖活動犯罪、走私犯罪、貪污賄賂犯罪、破壞金融管理秩序犯罪、金融詐騙犯罪的所得及其產生的收益的來源和性質，有下列行為之一的，沒收實施以上犯罪的所得及其產生的收益，處五年以下有期徒刑或者拘役，並處或者單處罰金；情節嚴重的，處五年以上十年以下有期徒刑，並處罰金：

「（一）提供資金帳戶的；

「（二）將財產轉換為現金、金融票據、有價證券的；

「（三）透過轉帳或者其他支付結算方式轉移資金的；

「（四）跨境轉移資產的；

「（五）以其他方法掩飾、隱瞞犯罪所得及其收益的來源和性質的。

「單位犯前款罪的，對單位判處罰金，並對其直接負責的主管人員和其他直接責任人員，依照前款的規定處罰。」

二、司法解釋及司法解釋性文件

2009 年 11 月 11 日，《最高人民法院關於審理洗錢等刑事案件具體應用法律若干問題的解釋》（法釋〔2009〕15 號）。

三、行政法規與部門規章

2006 年 10 月 31 日，《中華人民共和國反洗錢法》。

2006 年 11 月 14 日，《金融機構反洗錢規定》（中國人民銀行令〔2006〕第 1 號）。

2006 年 12 月 28 日，《金融機構大額交易和可疑交易報告管理辦法》（中國人民銀行令〔2006〕第 2 號）。

2007 年 6 月 11 日，《金融機構報告涉嫌恐怖分子籌資活動的可疑交易管理辦法》（中國人民銀行令〔2007〕第 1 號）。

2007 年 6 月 21 日，《金融機構客戶身分識別和客戶身分資料及交易紀錄保存管理辦法》（中國人民銀行中國銀監會中國證監會中國保監會令〔2007〕第 2 號）。

2014 年 11 月 15 日，《金融機構反洗錢監督管理辦法（試行）》（銀發〔2014〕344 號）。

2009 年 8 月 18 日，《證券公司反洗錢客戶風險等級劃分標準指引（試行）》（中證協發〔2009〕110 號）。

2005 年 3 月 10 日，警察部、中國人民銀行《關於可疑交易線索核查工作的合作規定》（公通字〔2005〕15 號）。

2014 年 12 月 29 日，中國銀監會、最高人民檢察院、警察部、國家

安全部《關於印發銀行業金融機構協助人民檢察院警察機關國家安全機關查詢凍結工作規定的通知》（銀監發〔2014〕53號）。

四、其他文件

2022年1月26日，中國人民銀行、警察部、國家監察委員會、最高人民法院、最高人民檢察院、國家安全部、海關總署、國家稅務總局、銀保監會、證監會、國家外匯管理局《打擊治理洗錢違法犯罪三年行動計畫（2022-2024年）》。

縱觀形形色色的數位人民幣騙局，大都與居民個人資料泄露相關。中央銀行與金融機構加強個人資料保護，規範監管與各項業務中的資料收集、使用流程，將在很大程度上避免信息泄露問題。「數位人民幣（試驗版）」App、各營運機構的App等在設計中已注意到了個人資料與隱私保護的問題，在居民註冊「數位人民幣（試驗版）」App或使用數位錢包時，以書面形式明確規定了《App個人資料保護政策》[187]。這是以使用協議的方式規範個人資料採集使用行為。

貨幣法、金融監管法應明確中央銀行與金融機構採集個人資料的「禁區」，在涉及個人資料保護方面，貨幣持有者、交易者成為個人數據的權利主體，享有對數位人民幣數據進行查詢、下載、留存、刪除等的權利。中央銀行與金融機構雖享有合法採集、利用數據的權利，但也是保護個人數據的義務主體。中央銀行、金融機構採集個人數據時，應當依法履行職責，恪守正當程序，獲取主體同意，限定適用範圍。中央銀行、金融機構使用個人資料時，應履行更加嚴格的管理義務與安全保障義務，對個別交易資訊進行脫敏、隱蔽等處理，禁止將未經識別的資訊

---

[187]　目前「數位人民幣（試驗版）」App的《App個人資料保護政策》的生效日期為2022年1月4日。

適用於監管和調節領域。在個人明確授權的情形下,監管機構、金融機構合理利用必要的個人資料,應採取驗證方式確保加密數據安全,在必要時設置觸發條件自動銷毀相關數據。強化中央銀行、金融機構的保密職責與義務,嚴懲洩露居民貨幣交易資訊行為。

明確技術規範,健全法律制度,僅僅是為居民確立了救濟權利與救濟依據。居民還需要救濟管道,以在權利遭受侵害時獲得救濟。中央銀行與金融機構可設置線上實時救濟管道,利用智能合約的預設條件或監督節點特權,根據居民的訴求截取不法分子非法轉移數位人民幣的數據。此外,中央銀行、金融機構還應為居民提供線下救濟管道,方便居民以訴訟等方式維護合法權益。

● 居民怎麼辦

正確認識「數位人民幣(試驗版)」App

針對形形色色的騙術,居民更應該加強安全防範意識,知曉「數位人民幣(試驗版)」App 及其適用範圍,明確數位人民幣能做什麼、不能做什麼,掌握數位人民幣的使用方式。

對於「數位人民幣(試驗版)」App,居民應當明確以下要點:其一,數位人民幣仍然處於,並將長期處於試驗階段。因此,除數位人民幣官方活動的中獎通知外,中國人民銀行或商業銀行不可能透過微信或電話通知用戶註冊「數位人民幣(試驗版)」App。

居民不要安裝和下載不明來源的所謂的「數位人民幣(試驗版)」App。其二,中國目前僅有「數位人民幣(試驗版)」App 和各商業銀行的官方 App 在註冊、登錄、使用時,會要求用戶提供相關資料。其他App 均無權要求用戶先提供註冊帳號、密碼、支付密碼等認證消息才能

使用數位人民幣。即便微信支付、支付寶上可以使用數位人民幣，那也只是用戶註冊了微眾銀行和網商銀行，透過相關的接口端聯結到了「數位人民幣（試驗版）」App 或各銀行的 App。微信支付、支付寶等本身並不能直接使用數位人民幣。

在使用數位人民幣時，應當牢記以下幾點：第一，數位人民幣是與鈔票和硬幣具有同等地位的法定貨幣，是不計任何利息的，無論何時，任何關於數位人民幣推廣獲利、返現、繳納保證金的說法，都是欺詐行為。第二，用戶應當透過中國人民銀行、地方政府、官方公布的參與機構等正規途徑，獲取關於數位人民幣的權威資訊。警惕仿冒 App 和簡訊，不要隨意點擊網站、App、電子郵件、簡訊中的連結，避免感染病毒或泄露信息。第三，用戶在使用「數位人民幣（試驗版）」App 及銀行 App 之外的平臺時，應當小心謹慎，避免泄露自己的帳號、密碼、身分證號等個人資料。第四，用戶應當牢記，任何人、任何機構與任何組織都無權獲取自己的密碼。作為數位人民幣的註冊用戶，要拒絕任何索取「數位人民幣（試驗版）」App 登錄和交易密碼的要求。

依法維護自身合法權益

居民還需要認真學習相關法律知識，增強權利義務意識，學會用法律武器保護自身的合法權益。

居民應當明確法律意義上的隱私與個人資料，知曉中國民法、刑法相關規定及技術規範。《中華人民共和國民法典》確立了隱私與個人資料的二元保護。在各類個人資料中，純粹的隱私信息可被視為隱私權客體，部分隱私性信息和純粹的個人資料屬於特殊的人格權客體。個人資料受到侵害的，可根據相關情形分別適用總則、人格權編或侵權編的規定，還可以適用《中華人民共和國網路安全法》、《中華人民共和國個人

資料保護法》等相關規定（見專欄 9.2）。

居民應當明確個人享有的知情同意權。中國相關技術規範要求，取得信息主體明示同意後，可處理個人的敏感訊息。例如，對於個人金融信息，應由符合資質的機構採集 C3、C2 類別信息，確保數據來源的可追溯性，引導信息主體查閱隱私政策必須取得其明示同意[188]。倘若透過 App 辦理金融業務，還需同時遵循收集個人資料的基本要求（見專欄 9.2）。

專欄 9.2 個人資料與隱私保護制度概覽

一、《中華人民共和國民法典》

第一百一十一條 自然人的個人資料受法律保護。任何組織或者個人需要獲取他人個人資料的，應當依法取得並確保資訊安全，不得非法收集、使用、加工、傳輸他人個人資料，不得非法買賣、提供或者公開他人個人資料。

第一百二十七條 法律對數據、網路虛擬財產的保護有規定的，依照其規定。

第一千一百九十四條 網路用戶、網路服務提供者利用網路侵害他人民事權益的，應當承擔侵權責任。法律另有規定的，依照其規定。

第一千一百九十五條 網路用戶利用網路服務實施侵權行為的，權利人有權通知網路服務提供者採取刪除、屏蔽、斷開連結等必要措施。通知應當包括構成侵權的初步證據及權利人的真實身分資料。

網路服務提供者接到通知後，應當及時將該通知轉送相關網路用戶，並根據構成侵權的初步證據和服務類型採取必要措施；未及時採取

---

[188]　2020 年 2 月 12 日中國人民銀行《個人金融信息保護技術規範》第 6.1.1 條。

必要措施的，對損害的擴大部分與該網路用戶承擔連帶責任。

權利人因錯誤通知造成網路用戶或者網路服務提供者損害的，應當承擔侵權責任。法律另有規定的，依照其規定。

第一千一百九十六條 網路用戶接到轉送的通知後，可以向網絡服務提供者提交不存在侵權行為的聲明。聲明應當包括不存在侵權行為的初步證據及網路用戶的真實身分資料。

網路服務提供者接到聲明後，應當將該聲明轉送發出通知的權利人，並告知其可以向相關部門投訴或者向人民法院提起訴訟。網路服務提供者在轉送聲明到達權利人後的合理期限內，未收到權利人已經投訴或者提起訴訟通知的，應當及時終止所採取的措施。

第一千一百九十七條 網路服務提供者知道或者應當知道網路用戶利用其網路服務侵害他人民事權益，未採取必要措施的，與該網路用戶承擔連帶責任。

二、特別法（條文略）

2016 年 11 月 7 日，《中華人民共和國網路安全法》。

2021 年 8 月 20 日，《中華人民共和國個人資料保護法》。

三、技術規範（內容略）

2020 年 2 月 12 日，中國人民銀行《個人金融信息保護技術規範》。

2022 年 4 月 24 日，全國資訊安全標準化技術委員會《資訊安全技術行動網際網路應用程式（App）收集個人資料基本要求（GB/T41391-2022）》。

此外，居民應當了解電信詐騙風險管理制度，明確關於盜竊罪、詐騙罪等的刑法條文，經常關注金融機構、電信公司及警察機關發布的相關風險警示、通知或宣傳知識，增強風險防範意識（見專欄 9.3）。

專欄 9.3 電信詐騙風險管理制度概覽

一、《中華人民共和國刑法》（條文內容略）

第二百六十四條【盜竊罪】

第二百六十五條【盜竊罪】

第二百六十六條【詐騙罪】

第二百八十五條【非法侵入計算機信息系統罪】、【非法獲取計算機信息系統數據、非法控制計算機信息系統罪】、【提供侵入、非法控制計算機信息系統程序、工具罪】

第二百八十六條【破壞計算機信息系統罪】

第二百八十六條之一【拒不履行信息網路安全管理義務罪】

第二百八十七條【利用計算機實施犯罪的提示性規定】

第二百八十七條之一【非法利用信息網路罪】

第二百八十七條之二【幫助信息網路犯罪活動罪】

二、司法解釋及司法解釋性文件（內容略）

2019 年 6 月 3 日，《關於辦理非法利用信息網路、幫助信息網路犯罪活動等刑事案件適用法律若干問題的解釋》（法釋〔2009〕15 號）。

三、行政法規與部門規章（內容略）

2016 年 3 月 18 日，《中國人民銀行工業和資訊化部警察部工商總局關於建立電信網路新型違法犯罪涉案帳戶緊急止付和快速凍結機制的通知》（銀發〔2016〕86 號）。

2017 年 9 月 30 日，《中國人民銀行關於加強支付結算管理防範電信網路新型違法犯罪相關事項的通知》（銀發〔2016〕261 號）。

2017 年 9 月 4 日，《中國人民銀行中央網信辦工業和資訊化部工商總局銀監會證監會保監會關於防範代幣發行融資風險的公告》。

2018 年 3 月 24 日，銀保監會、中央網信辦、警察部、人民銀行、市場監管總局《關於防範以「虛擬貨幣」、「區塊鏈」名義進行非法集資的風險提示》。

2019 年 12 月 27 日，北京市地方金融監督管理局、人民銀行營業管理部、北京銀保監局、北京證監局《關於進一步防範「虛擬貨幣」交易活動的風險提示》。

2021 年 3 月 16 日，中國人民銀行重慶營業管理部、重慶市地方金融監督管理局《關於謹防虛擬貨幣交易活動的風險提示》。

結語

第十章

走向未來的數位人民幣

中國已將數位人民幣的研發推廣納入「十四五」規畫及數位經濟規畫，試驗涉及省分亦將其列入數位經濟規畫中，為數位人民幣的試驗及應用描畫了宏偉藍圖。展望未來，數位人民幣將成為中國數位經濟的「支付底座」，有利於推動建構新發展格局，有利於推動建設現代化經濟體系，有利於推動構築國家競爭新優勢。

第一節
數位人民幣助推數位中國建設

「十四五」規畫明確要求，「加快數位化發展，建設數位中國」。數位中國的建設包括數位經濟、數位社會、電子政務三個主要領域，直接將數據納入生產要素並透過數位化轉型整體驅動生產方式、生活方式和治理方式的變革。

● 數位人民幣與數位中國

我們可以從數位經濟、數位社會、電子政務三個領域來分析數位人民幣與數位中國的創新融合。從數位人民幣發行、流通的管理架構來說，堅持「中國人民銀行的中心化管理、透過指定營運機構參與數位人民幣的流通服務」這一雙層營運體制，不僅涉及數位中央銀行、電子政

務的建設，也涉及指定營運機構的數位經濟轉型。數位人民幣在流通中以廣義帳戶體系為基礎，並支持銀行帳戶的鬆耦合功能，直接將數位人民幣的持有者納入了數位社會的新生活。數位人民幣透過數位技術使人民幣以數位形式實現了價值轉移，提升了法人單位和公民個人的數位社會體驗，人民群眾得到了「安全普惠、創新易用」的社會公共服務，為建構全民數位生活創造了契機。

因此，數位人民幣在發行、流通的過程中，全面整合了數位經濟、數位社會、電子政務這三個方面。數位人民幣的發展不是僅靠以中國人民銀行為代表的電子政務轉型就可以實現的，還需要商業銀行和其他指定營運機構一同實現企業的數位化轉型，並在前期試驗測試的基礎上，不斷擴大數位人民幣的應用場景，讓廣大人民群眾透過持有和使用數位人民幣來體驗數位社會的暢通便利。

數位人民幣對數位經濟、數位社會、電子政務的集中整合，除了需要及時建構數位人民幣相關的法律法規和政策，其核心要素還是實現數位人民幣從發行到流通的各個環節的數位化互聯互通。當今的資訊社會已經經歷了網際網路和行動互聯時代，計算機應用已經在全社會普及，但是資訊社會與數位社會的關鍵差異就在於，數位社會能夠實現資訊孤島的數位化互聯互通。數位人民幣的建設在縱向整合數位經濟、數位社會、電子政務三個方面的同時，也橫向連接了資訊孤島，打破了地方保護主義，更加公開、公平、公正，有利於推進中國統一大市場的建設。

● 數位人民幣服務數位中國的組織驅動力

中國實施的「東數西算」工程作為一項關鍵的新基礎設施建設，構造了數位人民幣發行和流通的基礎。「東數西算」透過建構數據中心、雲

端運算、大數據一體化的新型算力網路體系，使中國的數據中心和算力資源在東部地區和西部、中部地區得到了改善布局，也為數位人民幣的發行和流通奠定了強大的物質和技術基礎。

　　數位人民幣的發展除了需要科技驅動力，還需要組織驅動力。以中央銀行為代表的電子政務、以指定營運機構為代表的數位經濟主體，是數位人民幣建設的主要組織驅動力。

　　目前，數位人民幣的指定營運機構包括六家大型國有商業銀行、招商銀行、網商銀行和微眾銀行。展望未來，其他銀行也將陸續參與數位人民幣試驗。中國人民銀行是中央銀行，並沒有直接為消費者個人服務的法定職責。因此，各家銀行作為數位人民幣流通管道的服務供應商，必然會承擔數位人民幣試驗及應用推廣的主要工作。

　　我們在思考數位人民幣的組織驅動力時，考察了現有部分指定營運機構以及未來可能成為指定營運機構的金融機構的基本經營狀況（見表 10.1）。統計數據顯示，當前中國銀行業金融機構的營運情況千差萬別。首批入選數位人民幣指定營運機構的六大國有商業銀行占中國銀行業法人機構數量的比例為 0.25%，總資產占比為 43.3%，總負債占比為 43.1%，稅後利潤占比為 53.3%。而 1,539 家農村商業銀行占中國銀行業法人機構數量的比例為 65.2%，總資產占比僅為 11.3%，總負債占比為 11.3%，稅後利潤占比為 9.5%。

表 10.1 2020 年中國銀行業金融機構經營狀況

銀行類型	法人機構數量／家	總資產／億元	總負債／億元	稅後利潤／億元
政策性銀行	3	294,096	275,127	1,168.9

大型商業銀行	6	1,284,290	1,177,864	10,924.6
股份制商業銀行	12	578,325	532,425	4,106.6
城市商業銀行	133	410,699	381,540	2,145.6
農村商業銀行	1,539	334,004	308,342	1,952.8
農村合作銀行	27	3,191	2,966	8.4
農村信用社	641	58,717	55,212	174.3
小計	2,361	2,963,322	2,733,476	20,481.2

資料來源：中國銀行保險監督管理委員會統信部。「數說十三五發展成就」銀行業專題 [EB/OL]。中國銀行保險監督管理委員會網站，[2021-03-12]。

　　儘管銀行業金融機構的經營狀況並不能與其服務能力畫等號，但是，這些機構的經營狀況會對未來數位人民幣的流通產生較大影響。特別是，數位人民幣的發行和流通本身就是營運企業的數位化轉型的過程。大型國有商業銀行和股份制商業銀行對數位經濟的適應能力更強，而數量龐大、面向「三農」的農村商業銀行、農村合作銀行、農村信用社的數位化轉型卻面臨人才、資金、技術、基礎設施等重重挑戰，直接影響到數位人民幣的覆蓋、流通範圍。

　　但與此同時，數位人民幣的發行和流通也為金融機構實現數位經濟轉型提供了歷史機遇，參與數位人民幣的流通服務與營運機構自身的數位經濟轉型相輔相成。如果中國的銀行業金融機構下決心向數位經濟轉型，那麼就一定要融入數位人民幣的流通服務。

第二節
數位人民幣助力碳達峰、碳中和

為實現「雙碳」目標[189]，中國人民銀行確定了「三大功能」、「五大支柱」的綠色金融發展政策思路。如何建立綠色金融體系，助推「雙碳」目標的實現，是金融業及全社會主體都要深思的問題。數位人民幣作為綠色金融的重要組成部分，將在數位經濟時代發揮重要作用。

● 數位人民幣在碳達峰、碳中和中的應用

數位人民幣的特性使其支付不受物理條件限制，因此可成為助力碳達峰、碳中和的重要基礎設施。數位人民幣相對於實物人民幣，免去了金融機構處理、庫存和運送貨幣的高昂成本，更加環保、高效、便捷、安全，不僅能大幅降低貨幣的製造、流通和儲存成本，還能大幅降低交易成本、提升交易效率。

數位人民幣有助於帶動民眾節能減碳

透過深入衣、食、住、行等各大消費場景，數位人民幣可以直接帶動用戶節能減碳。

目前，作為數位人民幣推廣的排頭兵、綠色金融的重要實踐者，金融機構將全新的碳普惠商業模式、數位金融、智慧生活等理念協同推進，努力在中國綠色出行、低碳減排方面形成示範帶動效應。例如，中國工商銀行聯合北京如易行科技有限公司，在北京推出「京彩通行 ——

---

[189] 2020 年 9 月 22 日，國家主席習近平在第七十五屆聯合國大會上宣布：「中國將提升國家自主貢獻力度，採取更加有力的政策和措施，二氧化碳排放力爭於 2030 年前達到峰值，努力爭取 2060 年前實現碳中和。」2021 年 10 月 24 日，《中共中央國務院關於完整準確全面貫徹新發展理念做好碳達峰碳中和工作的意見》發布。該意見作為碳達峰、碳中和「1+N」政策體系中的「1」，對碳達峰、碳中和這項重大工作進行了系統謀劃、整體部署。

億通行 1 分錢乘捷運」數位人民幣優惠活動，乘客透過「億通行」App
領取乘車券後，選擇數位人民幣支付方式，只需支付 1 分錢即可乘坐一
次捷運 [190]。又如，美團上線數位人民幣試驗第一個月，累計有超過 100
萬用戶創建數位人民幣個人錢包，累計騎行 889.96 萬公里，與駕駛燃油
車相比，同等運量下預計可減少碳排放量約 2,400 噸。而在同樣的時間
週期內，創建數位人民幣個人錢包用戶的綠色出行頻次比普通用戶平均
高出 8.14%。

試驗形成了良性循環：數位人民幣的創新應用為民眾提供了更加綠
色、普惠的出行選擇，而民眾又把對數位人民幣的熱情轉換為了更大的
綠色出行動力 [191]。

可見，數位人民幣技術和網際網路場景的疊加發力，可以極大地釋
放環保能量，既能夠為數位人民幣的普及推廣創造條件，又能夠實現與
「雙碳」目標的有效協同，將綠色金融、低碳環保理念送至更多用戶，也
為同行業以數位人民幣為抓手助力「雙碳」目標實現提供了可用範例。

數位人民幣有助於綠色資金落地

數位人民幣具有「小額資金匿名，大額資金可追溯」的特點，既能
促進資金流轉，又滿足了國家進行資金監管的要求，有助於高效推進綠
色資金的落地使用。一方面，「小額匿名」滿足了數位人民幣保護個人資
料與用戶隱私的要求，能夠實現日常交易系統的有效運轉，有利於促進
大眾積極使用數位人民幣，並參與綠色相關消費；另一方面，「大額可溯」
能確保大額資金流轉透明、可追溯，實現了對資金使用的有效監控。具

---

[190]　數位人民幣＋網際網路場景，撬動數幣綠色低碳新價值 [EB/OL]。新經濟 Review 新浪財經
　　　　頭條號，[2021-11-09]。
[191]　美團單車數位人民幣試驗上線一個月吸引用戶超百萬 [EB/OL]。新浪科技，[2021-10-20]。

體而言，中央銀行及相關部門在有需要時可透過數位人民幣監測節能補貼、綠色金融資金流等，降低溝通成本，確保綠色金融評價的真實性，最終提升監管效率。

數位人民幣有助於促進國際綠色投融資

實現碳達峰、碳中和的「雙碳」目標，對資金有巨大的需求，「雙碳」目標帶來的機遇也會吸引大量國內外投資。按照國家氣候策略中心測算，從 2020 年到 2060 年，中國要實現碳中和，總投資規模將高達 139 兆元。數位人民幣的使用可能改變以分布在全球各地的代理行和清算行關係為基礎的跨境支付格局。數位人民幣可在全天候運行的點對點系統上轉帳，促使傳統的多級代理銀行結構扁平化，從而縮短支付鏈，減少交易時間，使跨境支付更便利普惠。此外，數位人民幣透過加載不影響貨幣功能的智能合約，能夠實現可編程性，根據交易雙方商定的條件規則進行自動支付交易，從而降低外匯交易成本，並可透過更大規模的資產通證化降低證券發行成本。由此，將在確保各中央銀行數位貨幣互通性的基礎上，進一步提升國際層面的綠色投融資交易頻次，從而推動綠色資金更廣泛、有效地流動和使用。

● 數位人民幣促進碳達峰、碳中和的路徑選擇

穩步推進試驗，解決技術難題

數位人民幣的平穩、健康發展，是其在實現「雙碳」目標中發揮作用的牢固基礎。改善數位人民幣的頂層設計，以應對數位貨幣可能存在的加劇金融脫媒、引發銀行擠兌、削弱貨幣政策等宏觀風險，從而實現數位人民幣的穩步發展和國民經濟的持續穩定。

利用技術進步更好地解決數位人民幣運行中的資訊安全管理問題，發揮新興技術在信息保密、成本節約、效率提高等方面的優勢，不斷改善數位人民幣的性能，針對數位人民幣的各種應用場景不斷改善升級、提升服務能力，增強大眾對數位人民幣的使用意願，保障數位人民幣在技術安全方面實現穩定運行，為後續銀行等金融機構關於數位人民幣的創新和綠色投融資水準的提高等提供技術支撐。

協同展開研發，開拓綠色場景

商業銀行、支付機構等主體應積極主動配合中國人民銀行的政策和舉措，並輔助中國人民銀行展開相關調查，以促進數位人民幣的精準、合理投放，推動綠色資金更好地落地和使用。

商業銀行等金融機構需積極發掘數位人民幣的使用場景，主動拓展與數位人民幣相關的綠色金融以及日常消費的業務、服務與交易形式，引導數位貨幣真正融入居民生活。同時，拓展企業的支付結算手段及投融資管道，為企業的綠色投融資提供便利。

參與試驗共建，融入綠色低碳生活

企業應主動做數位人民幣以及綠色生活的倡導者，積極思考如何創造性地將數位人民幣與綠色消費有機結合，從而吸引、鼓勵更多的客戶、消費者群體參與到數位人民幣的使用以及綠色轉型的切實行動中。

第三節
數位人民幣的國際化

數位人民幣亦將助推人民幣國際化的進程。近年來，新冠肺炎疫情、俄烏衝突等「黑天鵝」事件頻發，人民幣國際化面臨諸多挑戰。面

對「百年未有之大變局」，中國應主動迎接挑戰、直面困難與問題，積極探索出一條數位人民幣國際化的路徑。

● 資訊時代的人民幣國際化

人民幣國際化的挑戰

一國法定貨幣的法償性僅在該國內部才有效，無法延伸到國外市場。在國際層面，貨幣發行的壟斷為國際貨幣競爭所取代，貨幣的強制接受為自由選擇所取代。在這種情況下，市場主體只能被說服去接受某種貨幣，而不能被強制使用某種貨幣。美元一直是主要的國際儲備貨幣，其霸權地位短期內難以撼動。在這樣的背景下，人民幣國際化道阻且長。

此外，新冠肺炎疫情的暴發及全球蔓延極大損害了國際經貿往來，中國的跨境旅遊及其他服務貿易也受到了沉重打擊。面對疫情對經濟的衝擊，各國中央銀行為避免通膨必然會實行不同程度的緊縮政策，使後疫情時代的全球經濟面臨一定程度的衰退風險，金融領域的不確定性增加，也為人民幣的國際化道路增加了一定阻礙。

數位人民幣如何化解困境

隨著國際電子商務的發展，便捷廉價的跨境支付需求飛速成長。尤其是在新冠肺炎疫情全球肆虐的背景下，電子商務和在線服務應用廣泛，對「無接觸支付」的需求也在日益成長。在此背景下，數位人民幣被寄予厚望。

第一，數位人民幣作為大國主權數位貨幣的代表，能夠成為國際貿易、跨國資本流動、跨國產業投資中的計價、支付和結算手段，並能夠在國際社會中扮演重要的儲備貨幣角色。若中國在未來與更多的夥伴國

簽訂雙邊貨幣互換協議，人民幣在國際貿易、金融交易中的流通量和在國際儲備中的分額將得以提升，人民幣跨境支付系統就會有更大的應用市場。

第二，數位人民幣的數據資料將成為巨大的數位資產，中央銀行可以利用技術優勢、數據優勢和先進的設計理念來提升數位人民幣的國際地位。未來，數位人民幣需要在兼顧人民幣信用的基礎上，研發新的技術方案和設計理念，以應對越來越多的應用場景，提高數位人民幣在國際上的接受度，以促進人民幣國際化。

第三，數位人民幣能進一步提升人民幣的話語權，有利於中國參與中央銀行數位貨幣國際規則的制定。而且，中國能向其他國家提供中央銀行數位貨幣的研發經驗、應用場景經驗等，由此進一步提升人民幣的國際地位。

第四，數位人民幣的發展在一定程度上豐富了中央銀行的貨幣政策工具箱，有助於維持貨幣政策的獨立性和幣值的穩定性。從英鎊、美元、日元、歐元等貨幣的國際化經驗和教訓來看，在實體經濟健康發展的前提下，貨幣國際化成功的關鍵是幣值穩定，這樣才能穩定國際社會預期，有助於各國接受該貨幣作為國際支付、結算、投資和儲備貨幣。數位人民幣作為更安全的電子支付工具，能夠加快金融資產轉換的速度，保持人民幣的幣值穩定。

● 數位人民幣國際化面臨的挑戰

數位人民幣的國際化道路可謂機遇與挑戰並存。把握好機遇，就能夠把優勢轉換成勝勢。最明顯的機遇就是，中國有龐大的用戶群體和實踐場景。中國已成為全球網路應用第一大國，擁有全球最多網民，同時

也是全球網路技術引領大國，推動著全球網路技術進步。中國已經建成較為完善的金融基礎設施，隨著 5G 網路在中國全面啟動建設，一個覆蓋中國絕大多數地理空間單元的互聯互通的高速網路與物聯網體系正逐漸形成並日益完善，為數位人民幣的發行與流通創造了完善的金融基礎設施及技術支持體系。

隨著人民幣和數位人民幣國際化進程的不斷深入，數位人民幣和境外數位貨幣的對接是必將面臨的現實問題。這一過程不可避免地會存在一定的風險，也就是數位人民幣國際化面臨的挑戰。

系統性風險

系統性風險主要是指在數位人民幣與境外數位貨幣的對接過程中，存在一些技術性漏洞，被不法分子利用。因為這一對接過程往往發生在跨境交易或者人民幣國際化結算的過程中，可能會存在網路駭客攻擊導致的系統性風險。

洗錢風險

中國當前反洗錢政策法規對數位人民幣的攜帶缺乏明確的規定，不法分子可能會利用這一點。例如，當前的數位人民幣往往以數位人民幣錢包的形式存放，不法分子就很可能透過手機錢包，在境外用數位人民幣進行消費和投資。而數位人民幣具有「小額匿名」的特性，一些不法分子可能會利用數位人民幣進行洗錢等犯罪活動，造成「螞蟻搬家」似的資金外流。

競爭風險

數位貨幣不僅在經濟領域具有舉足輕重的地位，還是資訊時代爭奪貨幣國際話語權的重要工具。無接觸支付和電子支付逐漸成為重要的支

付方式，在未來的支付領域，由於貨幣作為一般等價物具有獨占性和排他性，可以預見，主權數位貨幣與私人數位貨幣、主權數位貨幣之間將會發生激烈的競爭。這種競爭會增加金融系統的不確定性，累積疊加系統性風險，影響貨幣市場和資本市場的穩定。

● 數位人民幣國際化的路徑選擇

數位人民幣作為信用貨幣，其國際化進程主要還是受中國經濟金融實力及資本流動管理等影響，金融科技在中短期內對人民幣國際化的加持作用不一定明顯。但從長期來看，在本國經濟體量大、金融市場發達、資本流動相對自由的前提下，數位人民幣的發行和流通將有助於提升境外主體對人民幣的需求，進而促進人民幣的國際使用，推進人民幣國際化。中央銀行等相關部門要充分激發數位人民幣在跨境支付方面的潛力，繼續「多邊中央銀行數位貨幣橋」等跨境支付體系設計方面的合作，在充分考量風險的前提下，拓展數位人民幣的功能和應用場景，為應對外幣替代、金融制裁和強化貨幣主權開闢新的道路。

數位人民幣與「一帶一路」倡議

中國透過對外基礎設施投資、大宗商品進出口貿易等管道，提升了「一帶一路」沿線國家和地區對人民幣的接受度，為在境外推廣數位人民幣奠定了良好的市場基礎。首先，暢通數位人民幣的跨境支付管道，可以為雙邊貿易或多邊貿易提供高效、安全的結算服務，更好地滿足「一帶一路」沿線國家和地區的主要貿易需求。其次，可以借助數位人民幣的可追蹤性等特性，緩解國際貿易中的資訊不對等，降低國際投融資風險和產業投資結構風險。最後，在中國與「一帶一路」沿線國家和地區的合作中，可以協同建設數位化的新型基礎設施，助推數位人民幣走出國門。

數位人民幣與 RCEP

可以利用《區域全面經濟夥伴關係協定》（Regional Comprehensive Economic Partnership，RCEP）正式簽署的契機，與相關國家和地區簽訂貨幣互換協議，建構數位人民幣的結算清算機制，並透過投資的自由化和便利化推動數位人民幣國際化。RCEP 是中國、日本、韓國、澳洲以及新西蘭等 15 個國家正式簽署的自由貿易協定，是目前全球範圍內涵蓋人口最多、最具潛力的自由貿易協議，不僅在貨物貿易、原產地規則以及海關程序與貿易便利化等方面做出規定，還就服務貿易、投資領域等方面做出規定，無疑會大大提升中國的對外開放水準和區域經濟一體化水準。同時，RCEP 的簽署會吸引成員國營事業到中國投資，以享受更優惠的投資條件和更豐厚的投資回報。這會逐步提高國外市場主體對人民幣和數位人民幣的需求，為數位人民幣國際化提供有效的市場基礎。

數位人民幣與大宗商品貿易

美元在石油進出口貿易結算中占據主導地位，極大地推動了美元的國際化發展。中國是全球最主要的石油消費國之一，石油年消費總量和年消費成長量已連續多年排名全球第一或第二。

2021 年，中國與伊朗簽署的《中伊 25 年全面合作協議》明確提出，中伊之間的石油結算將使用人民幣作為結算貨幣。早在 2012 年的亞太經合會工商領導人峰會期間，中國就已與俄羅斯達成中國可以用人民幣購買任意數量石油的共識。人民幣在石油結算中已經占據一席之地。數位人民幣將進一步提高大宗商品國際貿易中人民幣的結算比例，因其能夠提升效率、使得交易更加透明、保障交易安全、減少資訊不對等。

數位人民幣與新能源合作

　　中國近年來一直致力於建構清潔低碳、安全高效的現代能源體系，並於 2020 年 9 月明確提出了「雙碳」目標。自「一帶一路」倡議提出以來，中國與「一帶一路」沿線國家和地區都十分重視在綠色、低碳、可持續發展領域的合作。這有利於提升新能源合作的投資便利化程度，眾多民間資本也可以透過加入絲路基金創建的數位人民幣錢包，更便利地介入新能源投資項目。這不僅有利於緩解新能源基礎設施項目投資週期長、資金需求量大的問題，也方便政府部門運用數位人民幣的全生命數據對民間資本實施有效監管，進而穩步推進能源合作項目。

參考文獻

[001] [中／英] 厄瓜多推出了官方版「比特幣」 [EB/OL]。未央網搜狐號，[2015-06-05]。

[002] 「碰一碰」、「掃一掃」數位人民幣實現冬奧場景全覆蓋 [EB/OL]。北青財經企鵝號，[2022-02-08]。

[003] 「數位英鎊」了解下？英國人：謝謝不必了 [EB/OL]。新民晚報網易號，[2021-09-13]。

[004] 「得得週報」全球數位貨幣總市值較上週下跌約 7.78％｜ 11.22-11.28 [EB/OL]。快資訊，[2021-11-30]。

[005] 1.043 億元！海鋼集團落地首單大額數位人民幣繳稅業務 [EB/OL]。網易新聞，[2022-01-08]。

[006] 2009 年比特幣發行價格是多少？比特幣原始發行價介紹 [EB/OL]。幣圈子，[2020-07-10]。

[007] 2020 年中國進出口規模創歷史新高 [EB/OL]。中華人民共和國商務部網站，[2021-02-10]。

[008] 2021 年數位經濟規模達到 45.5 兆元 [EB/OL]。中國網資訊百家號，[2022-07-11]。

[009] DCEP 領跑，世界各國中央銀行數位貨幣的進展如何？ [EB/OL]。鏈得得搜狐號，[2020-09-23]。

[010] KOSSE A、MATTE II、王鑫。國際結算銀行（BIS）：加速發展：2021 全球中央銀行數位貨幣調查結果 [EB/OL]。國研網，[2022-05-07]。

參考文獻

[011] Mt.Gox 平臺比特幣風暴再起暴跌 50% 至 113 美元 [EB/OL]。新浪網財經頻道，[2014-02-21]。

[012] 巴比特。日本中央銀行和歐洲中央銀行聯合發布相關 Stella 項目第四階段研究結果報告 [EB/OL]。TechWeb，[2020-02-14]。

[013] 白津夫、葛紅玲。中央銀行數位貨幣理論、實踐與影響 [M]。北京：中信出版集團，2021：364-369

[014] 包宏。美聯儲發行中央銀行數位貨幣的基本概況、政策挑戰以及對數位人民幣的啟示 [J]。經濟學家，2022（6）：119-128。

[015] 北大數位金融研究中心未名湖數位金融研究。中央銀行數位貨幣將如何改變金融生態？ [EB/OL]。北京大學數位金融研究中心，[2020-06-19]。

[016] 北京數位人民幣試驗「周年記」，冬奧全場景應用「一文讀懂」 [EB/OL]。貝殼財經企鵝號，[2022-01-26]。

[017] 比特幣跌破 4,000 美元創 424 天來最低點 [EB/OL]。財新網，[2018-11-25]。

[018] 比特幣價格再度跌破 3.2 萬美元較今年最高價腰斬 [EB/OL]。新浪科技，[2021-05-24]。

[019] 比特幣再次升破 5,000 美元，發改委擬淘汰挖礦產業 [EB/OL]。觀察者網，[2019-04-19]。

[020] 比特幣站上 8,000 美元！不足兩個月價格已翻倍 [EB/OL]。騰訊財經，[2019-05-14]。

[021] 不下車、不開口、不進店、不付現江蘇銀行南京分行「AI 無感加油」打造智慧出行 [EB/OL]。新華報業網網易號，[2021-12-17]。

[022] 蔡蘇露。英國推進數位貨幣開發的進展與挑戰 [EB/OL]。中國社會科學網百家號，[2021-07-19]。

[023] 柴洪峰。對支付場景化的思考和探索 [J]。中國信用卡，2017（10）：13-19。

[024] 嘗鮮！記者用數位人民幣買了一件衣服店員：你是第一單 [EB/OL]。中國寧波網，[2022-04-03]。

[025] CHEL。挪威中央銀行：目前沒有推出數位貨幣的「迫切需求」[EB/OL]。鏈得得搜狐號，[2020-11-10]。

[026] 徹底炸鍋！比特幣突破 3 萬美元大關，100 元狂賺 12 億 [EB/OL]。和訊網，[2021-01-03]。

[027] 陳斯斯。數位人民幣亮相長沙！開通可領紅包，你用了嗎？ [EB/OL]。澎湃新聞，[2021-03-26]。

[028] 成都第二輪數位人民幣活動①｜成都將發 1,200 萬元綠色出行金，10 萬個名額 [EB/OL]。四川在線，[2021-07-02]。

[029] 成都落地數位人民幣繳納社保業務 [EB/OL]。行動支付網，[2022-03-23]。

[030] 成都邛崍市率先打造數位人民幣試驗示範區 [EB/OL]。成都本地寶，[2021-05-28]。

[031] 成都數位人民幣試驗「多點開花」：除了紅包，多家銀行還探索了這些應用 [EB/OL]。四川在線，[2021-03-09]。

[032] 春節期間美團數位人民幣交易量大增 [EB/OL]。新浪財經百家號，[2022-02-11]。

[033] 春秋航空收穫中國首個數位人民幣機票訂單 [EB/OL]。東方財富網，[2021-04-26]。

參考文獻

[034] Clover。烏拉圭中央銀行推出數位貨幣 [EB/OL]。暴走恭親王搜狐號，[2017-11-07]。

[035] 崔傑。人民幣數位貨幣與境外數位貨幣對接的風險防範研究：基於人民幣國際化視角 [J]。財會通訊，2021（18）：143-146

[036] 大連完成首筆數位人民幣買藥 [EB/OL]。中國銀行保險報網，[2021-05-17]。

[037] 大跳水！比特幣跌破 2 萬美元，創 18 個月以來最低價；特斯拉炒幣浮虧 6 億美金，馬斯克看走眼了？ [EB/OL]。證券時報 e 公司搜狐號，[2022-06-18]。

[038] 大運會數位人民幣硬體錢包發布，將深度打造應用場景 [EB/OL]。行動支付網，[2022-03-29]。

[039] 當鄉村振興「遇見」數位人民幣 [EB/OL]。信息新報網易號，[2022-05-22]。

[040] 多地數位人民幣試水「繳稅」提升便利度同時有助打擊逃稅漏稅 [EB/OL]。金融界企鵝號，[2021-11-03]。

[041] 封思賢、楊靖。法定數位貨幣運行的國際實踐及啟示 [J]。改革，2020（5）：68-79。

[042] 福州廈門兩地 74 個高速收費站全部開通新支付方式 [EB/OL]。廈門晚報，[2022-04-27]。

[043] 復旦發展研究院金融研究中心 . 金融學術尖端：從 DC/EP 擴大試驗分析數位人民幣發展前景 [EB/OL]。復旦發展研究院，[2020-10-20]。

[044] 光明日報客戶端：北航校園支付平臺順利接入數位人民幣功能，為中國首家高校 [EB/OL]。北京航空航天大學新聞網，[2021-07-24]。

[045] 廣東首家醫院啟用數位人民幣 [EB/OL]。中國新聞網，[2022-05-05]。

[046] 郭欣欣。數位人民幣繳稅業務場景在重慶落地 [EB/OL]。重慶商報企鵝號，[2022-06-01]。

[047] 國際結算銀行：關於中央銀行數位貨幣的第三次調查 [EB/OL]。世鏈財經，[2021-12-02]。

[048] 國際結算銀行：即將到來：中央銀行數位貨幣後續調查報告 [EB/OL]。鳳凰新聞，[2020-02-05]。

[049] 國際結算銀行 [EB/OL]。中華人民共和國外交部網站，[2022-07-21]。

[050] 國新辦舉行 2021 年金融統計數據新聞發布會 [EB/OL]。國新網，[2022-01-18]。

[051] 海南全域展開數位人民幣試驗，成效幾何？ [EB/OL]。界面新聞企鵝號，[2022-03-01]。

[052] 何柳穎。日本中央銀行正式啟動數位貨幣實驗數位貨幣全球性競爭加劇 [EB/OL]。新浪科技，[2021-04-07]。

[053] 胡天嬌。法國中央銀行稱大量批發型數位貨幣的發行或影響貨幣政策傳遞 [EB/OL]。21 世紀經濟報道新浪號，[2021-11-09]。

[054] 黃國平、丁一、李婉溶。數位人民幣的發展態勢、影響衝擊及政策建議 [J]。財經問題研究，2021（6）：60-69。

[055] 黃國平。數位人民幣發展的動因、機遇與挑戰 [J]。新疆師範大學學報（哲學社會科學版），2022，43（1）：129-138，2。

[056] 黃敏學。數位人民幣的市場發展與運作機理 [J]。人民論壇，2021（19）：78-81。

參考文獻

[057] 賈麗平。比特幣的理論、實踐與影響 [J]。貨幣理論與實踐，2013
（12）。

[058] 蔣夢瑩。鮑爾談中央銀行數位貨幣：對美國來說做對比做好第一
件事更重要 [EB/OL]。澎湃新聞，[2020-10-20]。

[059] 金融科技深度研究｜數位人民幣帶來的影響和機遇 [EB/OL]。金融
科技筆記百家號，[2020-11-06]。

[060] 京東集團已啟用數位人民幣發放薪酬和企業支付 [EB/OL]。Do-
News 企鵝號，[2021-04-25]。

[061] 京東企業業務支持數位人民幣採購支付加速業內推動數位化採購
升級 [EB/OL]。世鏈財經，[2021-08-23]。

[062] 景欣。法定數位貨幣的支付場景前瞻及對策建議 [J]。經濟體制改
革，2021（2）：161-166。

[063] 景欣。法定數位貨幣中智能合約的構造與規制 [J]。現代經濟探
討，2021（10）：126-132。

[064] 科普｜數位人民幣應用場景盤點 [EB/OL]。交子鏈訊百家號，
[2021-09-03]。

[065] 克里斯蒂安·巴隆提尼、亨利·霍爾頓、徐菁。謹慎前行：中央銀
行數位貨幣調查 [J]。金融市場研究，2019，79（5）：114-124。

[066] 藍媒聯盟·金華廣電融媒體。金華成省內首個發放數位人民幣消費
券城市 [EB/OL]。快資訊，[2022-05-12]。

[067] 李冰。數位人民幣金融領域應用提速多個應用場景「涉房」 [EB/
OL]。新浪財經，[2022-06-15]。

[068] 李嘉寶。15 省市 23 地區參與試驗數位人民幣打開消費新藍海 [EB/
OL]。中國經濟網，[2022-07-25]。

[069] 零壹財經。數位人民幣概述：屬性、歷程、動因及目標 [EB/OL]。零壹智庫 Pro，[2020-11-10]。

[070] 劉典。數位人民幣：數位經濟的生態重構與全球競爭 [J]。文化縱橫，2021（1）。

[071] 劉凱、郭明旭。中央銀行數位貨幣的發行動機、設計方案及其對中國的啟示 [J]。國際經濟評論，2021（3）：137-154，7。

[072] 劉向民。中央銀行發行數位貨幣的法律問題 [J]。中國金融，2016，839（17）：17-19。

[073] 旅遊、購物、餐飲……海南交行推動數位人民幣在多個場景加速落地 [EB/OL]。中經海南搜狐號，[2021-05-20]。

[074] 美團單車數位人民幣試驗上線一個月吸引用戶超百萬 [EB/OL]。新浪科技，[2021-10-20]。

[075] 莫開偉。數位人民幣將如何影響行業格局？ [EB/OL]。行動支付網，[2022-01-14]。

[076] 南山景區迎來數位人民幣禮包 [EB/OL]。深圳商報搜狐號，[2021-06-23]。

[077] 倪浩。薩爾瓦多使用比特幣引發市場震蕩 [N]。環球時報，2021-09-09（11）。

[078] 農業銀行：助力建成四川首個數位人民幣示範村 [EB/OL]。證券時報網，[2022-07-02]。

[079] 戚聿東、褚席。數位經濟視閾下法定數位貨幣的經濟效益與風險防範 [J]。改革，2019（11）：52-62。

[080] 全國率先！深圳面對香港居民展開數位人民幣跨境支付測試 [EB/OL]。老楊說鏈企鵝號，[2021-04-01]。

參考文獻

[081] 全中國首創「農業碳匯 + 數位人民幣 + 鄉村振興」新機制，就在廈門！ [EB/OL]。中國城鄉金融報企鵝號，[2022-06-07]。

[082] 中國首單數位人民幣線下購物無理由退貨完成 [EB/OL]。蘇州市人民政府，[2022-07-23]。

[083] 中國首個！長沙「解鎖」數位人民幣全場景全流程納稅繳費 [EB/OL]。洞庭湖邊那些事兒搜狐號，[2021-12-27]。

[084] 中國首家，山東國晟小貸成功實現數位人民幣融資場景應用 [EB/OL]。中華網山東頻道，[2022-04-22]。

[085] 中國首例數位人民幣股金在蘇州馮夢龍村發放 [EB/OL]。瀟湘晨報百家號，[2021-12-27]。

[086] 全球中央銀行布局數位貨幣 [EB/OL]。中國商務新聞網百家號，[2021-06-07]。

[087] 全省首筆數位人民幣財政補貼資金發放 [EB/OL]。陝西省人民政府官網，[2021-10-08]。

[088] 全省首個數位人民幣繳納訴訟費場景落地相城法院服務群眾再添「新招」 [EB/OL]。蘇州市相城區人民法院澎湃號，[2021-12-17]。

[089] 全運村內數位人民幣場景實現「多點覆蓋」 [EB/OL]。行動支付網，[2021-09-16]。

[090] 全運會首張紙質門票以數位人民幣支付方式售出 [EB/OL]。行動支付網，[2021-09-01]。

[091] 人民銀行等五部委發布關於防範比特幣風險的通知 [EB/OL]。中國政府網，[2013-12-05]。

[092] 人民銀行召開數位人民幣研發試驗工作座談會 [EB/OL]。中國人民銀行網站，[2022-04-02]。

[093] 薩爾瓦多作為全球首個將比特幣作為法定貨幣的國家究竟是何方神聖 [EB/OL]。阿森侃文網易號，[2022-05-21]。

[094] 三峽融媒。數位人民幣又來了！？等等，莫慌…… [EB/OL]。新浪看點，[2021-03-28]。

[095] 上海首次以數位人民幣形式發放企業人才補貼獎勵 [EB/OL]。東方網，[2022-07-20]。

[096] 深圳晚報：深圳首筆數位人民幣繳納社保費落地 [EB/OL]。國家稅務總局深圳市稅務局，[2021-11-23]。

[097] 時隔 15 個月比特幣再度突破 1 萬美元 [EB/OL]。財新網，[2019-06-22]。

[098] 市稅務局：全程無接觸安全更快捷蘭溪完成首筆數位人民幣繳稅業務 [EB/OL]。蘭溪市人民政府，[2022-07-19]。

[099] 首例港人數位人民幣繳稅背後，這個納稅場景還有哪些創新突破？ [EB/OL]。行動支付網，[2021-11-03]。

[100] 數位化人民幣在上海社區試驗應用，可支付管理停車快遞費等 [EB/OL]。澎湃新聞，[2021-04-17]。

[101] 數位人民幣「社保醫保繳費」上線 [EB/OL]。新浪科技，[2022-07-19]。

[102] 數位人民幣＋網際網路場景，撬動數幣綠色低碳新價值 [EB/OL]。新經濟 Review 新浪財經頭條號，[2021-11-09]。

[103] 數位人民幣帶你走進新消費、新場景、新業態 [EB/OL]。新浪財經百家號，[2021-08-27]。

[104] 數位人民幣何時正式推出？中央銀行：目前還無時間表 [EB/OL]。中國經濟網，[2021-04-13]。

參考文獻

[105] 數位人民幣可繳存住房公積金 [EB/OL]。新華網廣東頻道，[2022-06-21]。

[106] 數位人民幣使用場景持續擴充累計授信已超千萬元 [EB/OL]。中國經濟網百家號，[2022-07-14]。

[107] 數位人民幣首個養老服務場景落地 [EB/OL]。老楊說鏈企鵝號，[2021-09-10]。

[108] 數位人民幣也「打假」！中央銀行揭示三種常見詐騙套路：假推廣、假理財與假簡訊 [EB/OL]。南嶽警察企鵝號，[2021-11-08]。

[109] 數位人民幣智能合約應用現狀：至少 5 大場景，近期步伐明顯加快 [EB/OL]。鏈捕手搜狐號，[2022-02-21]。

[110] 數位人民幣助力鄉村振興廈門國際銀行打通農村普惠金融服務「最後一公里」 [EB/OL]。金臺資訊企鵝號，[2022-04-29]。

[111] 蘇州這個村用數位人民幣發股金分紅，全中國首次 [EB/OL]。蘇州發布澎湃百家號，[2021-12-29]。

[112] 孫揚。數位人民幣將如何改變金融生態？ [EB/OL]。蘇寧金融研究院微信公眾號，[2020-10-21]。

[113] 談數位人民幣對中國金融系統的雙重影響 [EB/OL]。行動支付網，[2021-12-23]。

[114] 湯奎、陳儀玨。數位人民幣的發行和營運：商業銀行的機遇與挑戰研究 [J]。西南金融，2020（11）：24-34。

[115] 陶立敏。數位人民幣發展的機遇、挑戰及政策建議 [J]。企業經濟，2022，41（2）：5-16。

[116] 圖說比特幣十年 100 個精彩的區塊鏈瞬間 [EB/OL]。鏈門戶，[2018-10-31]。

[117] 王便芳、魏慧敏。數位貨幣對中國金融體系的影響分析 [J]。徵信，2021，39（8）：83-88。

[118] 王君暉。數位人民幣加速「攻城略地」B端市場想象空間巨大 [EB/OL]。證券日報網，[2021-07-12]。

[119] 王柯瑾。從 C 端到 G 端數位人民幣多場景賦能 [EB/OL]。新浪看點，[2022-06-18]。

[120] 委內瑞拉「石油幣」介紹 [EB/OL]。南湖網際網路金融學院搜狐號，[2018-07-03]。

[121] 溫州首個數位人民幣醫療支付場景落地溫州醫科大學附屬第一醫院 [EB/OL]。溫州市人民政府網站，[2022-04-21]。

[122] 吳鐠文、郭泰麟、閆君濤。案例分析｜電子克朗 [EB/OL]。人大金融科技研究所百家號，[2022-06-29]。

[123] 西安銀行聯合西安水務集團落地全市首個自來水數位人民幣應用場景 [EB/OL]。搜狐城市—西安搜狐號，[2022-06-08]。

[124] 謝金月。運鈔車掉錢路人撿盜竊還是侵占？ [N]。北京日報，2014-12-31（22）。

[125] 謝雨桐。挪威銀行中央銀行數位貨幣項目第三階段的情況報告 [EB/OL]。數位經濟法治評論網易號，[2021-12-09]。

[126] 雄安首筆數位人民幣繳稅業務成功落地 [EB/OL]。雄安發布澎湃號，[2021-11-29]。

[127] 徐文彬。中央銀行數位貨幣（DCEP）重塑銀行體系的前景展望 [J]。稅務與經濟，2020（5）：29-36。

[128] 閆夏秋、楊鑫逸。數位人民幣對存款貨幣的影響與協調對策 [J]。財會月刊，2022（3）：148-153。

參考文獻

[129] 中央銀行首次發布數位人民幣白皮書！供應鏈金融格局將有重大突破 [EB/OL]。萬聯智慧企鵝號，[2021-07-23]。

[130] 中央銀行數位貨幣的路徑選擇：批發型還是零售型？ [EB/OL]。夢舞清愁搜狐號，[2021-01-22]。

[131] 中央銀行數位貨幣研究所發布大批量職位，技術崗占比近 7 成 [EB/OL]。鏈門戶，[2022-01-23]。

[132] 楊望、蔣寧。比特幣成了「數位黃金」（經濟透視） [EB/OL]。人民網，[2017-05-26]。

[133] 楊澤原、丁奇。數位人民幣專題研究報告：數位經濟時代支付基礎設施 [EB/OL]。未來智庫官網新浪財經頭條號，[2022-03-15]。

[134] 楊哲、黃邁。場景金融：金融科技時代的銀行服務轉型變革 [M]。北京：機械工業出版社，2021。

[135] 姚前。法定數位貨幣的經濟效應分析：理論與實證 [J]。國際金融研究，2019（1）：16-27。

[136] 姚前。理解中央銀行數位貨幣：一個系統性框架 [J]。中國科學：信息科學，2017，47（11）：1,592-1,600。

[137] 葉凡。數位人民幣對金融體系有何影響？梳理 DC/EP 產業鏈投資機會 [EB/OL]。元宇宙之家，[2022-07-21]。

[138] 行動支付場景細分多元化發展成為社會主流支付模式 [EB/OL]。光明網經濟，[2020-08-31]。

[139] 益言。2021 年全球中央銀行數位貨幣研究進展綜述 [J]。中國貨幣市場，2021（11）：70-73。

[140] 運鈔車遭追尾側翻四腳朝天車內三人被拋出 [EB/OL]。新浪網，[2016-03-06]。

[141] 澤玲、雨林。數位人民幣時代，第三方支付面臨的挑戰與機遇 [EB/OL]。幣世界企鵝號，[2020-11-21]。

[142] 張姝哲、韓興國。數位人民幣營運模式、政策影響與發展建議 [J]。理論月刊，2020（10）：50-58。

[143] 張姝哲。數位人民幣的體系架構及其發行對經濟運行的影響 [J]。企業經濟，2020，39（12）：147-153。

[144] 浙江首筆數位人民幣惠企資金支付成功助力影城紓困 [EB/OL]。杭州網，[2022-06-06]。

[145] 中國人民銀行數位人民幣研發工作組。中國數位人民幣的研發進展白皮書 [EB/OL]。中國政府網，[2021-07-16]。

[146] 中國首筆數位人民幣 B2B 支付結算在遼寧大連完成 [EB/OL]。中新網，（2021-03-15）。

[147] 中國銀聯發布 2021 行動支付安全大調查研究報告 [EB/OL]。新華網雲南頻道，[2022-01-28]。

[148] 中國銀行。2021 年人民幣國際化白皮書：跨境供應鏈中的人民幣 [EB/OL]。中國銀行網站，[2022-06-02]。

[149] 中國銀行保險監督管理委員會統信部。「數說十三五發展成就」銀行業專題 [EB/OL]。中國銀行保險監督管理委員會網站，[2021-03-12]。

[150] 中國支付清算協會。2021 年支付體系運行整體情況 [EB/OL]。中國政府網，[2022-04-03]。

[151] 中華人民共和國貨幣概況（2021 年 5 月）[EB/OL]。中國人民銀行貨幣金銀局網站，[2021-06-03]。

[152] 鐘紅、彭雅哲。美國中央銀行數位貨幣發展態勢 [J]。中國金融，2021（9）：85-87。

參考文獻

[153] 重磅！中央銀行聯合發起多邊中央銀行數位貨幣橋研究項目 [EB/OL]。央視財經百家號，[2021-02-25]。

[154] 周小川行長接受《財新週刊》專訪 [EB/OL]。中國人民銀行網站，[2016-02-13]。

[155] 總統親自帶頭炒比特幣，國庫虧損近 2 億美元 [EB/OL]。中國大數據產業觀察網企鵝號，[2022-06-29]。

[156] 鄒松濤。淺析數位人民幣的本質，特徵及影響 [EB/OL]。參考網，[2021-10-25]。

[157] 走出低迷？比特幣 5 月以來首次突破 5 萬美元大關 [EB/OL]。新浪財經，[2021-08-24]。

[158] 左妍。數位人民幣首個醫療場景支付功能在上海同仁醫院落地 [EB/OL]。行動支付網，[2021-04-09]。

[159] ADRIAN T、MANCINI-GRIFFOLI T。The Rise of Digital Money [R/OL]。IMF FinTech Notes，[2019-07-15]：1-4。

[160] AUER R、CORNELLI G、FROST J。Rise of the Central Bank Digital Currencies: Drivers，Approaches and Technologies [Z]。CEPR Discussion Papers 15363，2020。

[161] BRAINARD L。Private Money and Central Bank Money as Payments Go Digital-An Update on CBDCs [EB/OL]，[2022-06-22]。

[162] CŒURÉ B。Finance Disrupted [EB/OL]。BIS Innovation Hub speech。Geneva: the 23rd Geneva Conference on the World Economy，[2021-10-07]。

[163] European Banking Authority。EBA Opinion on 4 Virtual Currencies [EB/OL]，[2022-06-22]。

[164] KOSSE A、MATTEI I。Gaining Momentum-Results of the 2021 BIS Survey on Central Bank Digital Currencies [EB/OL]，[2022-06-29]。

[165] McClanahan, B。Mt. Gox Files for Bankruptcy, Hit with Lawsuit [EB/OL]，[2022-05-22]。

[166] NAKAMOTO S。Bitcoin: A Peer-to-Peer Electronic Cash System [Z/OL]，[2022-07-21]。

數位人民幣相關名詞解釋

A

安全芯片：即可信任平臺模塊，是一個可獨立進行密鑰生成、加解密的裝置，內部擁有獨立的處理器和儲存單元，可儲存密鑰和特徵數據，為電腦提供加密和安全認證服務。

B

比特幣（Bitcoin， BTC）：一種 P2P 形式的、基於區塊鏈支付結算的加密數位貨幣，具有去中心化、公開透明等特點。

比特幣現金（Bitcoin cash，BCH）：礦池 ViaBTC 基於 Bitcoin ABC 方案推出的新的加密數位資產，可以視作比特幣 BTC 的分叉幣或競爭幣。

「幣圈」：數位貨幣擁護者自發形成的圈子，包括數位貨幣技術愛好者、收藏玩家、交易者等各類主體。

布列敦森林體系（Bretton Woods system）：「二戰」後以美元為中心的國際貨幣體系。1944 年 7 月，西方主要國家的代表在聯合國國際貨幣金融會議上確立了該體系，因為此次會議是在美國新罕布夏州布列敦森林舉行的，所以該體系被稱為「布列敦森林體系」。

C

CBDC：全稱為 central bank digital currencies，譯為「中央銀行數位貨幣」。是指一國中央銀行或貨幣當局發行的，可用於支付結算、儲值的

法定數位貨幣。

產品生命週期：指從人們對產品的需求開始，到產品淘汰報廢的全部生命歷程。

儲值帳戶營運：支付業務中的一類，另一類為支付交易處理。指透過創建支付帳戶或者提供預付價值，根據收款人或者付款人提交的電子支付指令，轉移貨幣資金的行為。法人機構發行且僅在其內部使用的預付價值除外。

D

大數據：具有數量巨大（無統一標準，一般認為在 T 級或 P 級以上，即 1,012 或 1,015 以上）、類型多樣（既包括數值型數據，也包括文字、圖形、圖像、音訊、影片等非數值型數據）、處理時效短、數據源可靠性保證度低等綜合屬性的海量數據的集合。

大數據殺熟：指平臺一種不正當的營銷行為。平臺企業利用客戶網路消費痕跡，對老客戶推送比新客戶貴的同樣商品或服務，從而謀取不正當利益。

代幣（token）：加密貨幣的一種分類，指可在任何現存的區塊鏈上產生的可交換虛擬資產。按照功能的不同，可被分為實用型代幣和證券型代幣。

DC/EP：中國版中央銀行數位貨幣項目，全稱為 digital currency electronic payment，譯為「數位貨幣和電子支付工具」。

第三方支付：在中華人民共和國境內依法設立並取得支付業務許可證，從事部分或者全部的儲值帳戶營運、支付交易處理的有限責任公司或者股份有限公司。它們並非銀行機構和支付機構，它們展開的支付業務統稱為「第三方支付」。中國知名的第三方支付有支付寶和微信支付。

E

e-CNY：2020 年中國正式啟用的數位人民幣的國際通用術語，目前常用於指代數位人民幣。

F

法償性：指法律認可的貨幣對特定範圍的債務具有法定償付能力，在中國通常指人民幣的法償性，即凡在中華人民共和國境內的一切公私債務，均以人民幣進行支付，任何債權人在任何時候均不得以任何理由拒絕接收貨幣。

分散式帳本技術（distributed ledger technology，DLT）：一種節省網路協調時間與成本的技術，網路成員之間共享、複製和同步數據。該技術與區塊鏈有關聯，但並非同一種技術。

分級授權管理制度：指單位或企業實行自上而下的、按管理等級進行授權審批的制度。

風險為本：指在展開反洗錢工作時，反洗錢主體透過科學評估不同組織機構、業務、客戶和交易等面臨的洗錢風險，決定反洗錢資源的投入方向和比例，採取差異化反洗錢措施，確保有限的反洗錢資源優先投入高風險領域，提高預防與打擊洗錢活動的有效性。

G

高併發：通常指透過設計，保證系統能夠同時並行處理很多請求。

公鑰和私鑰：透過一種算法得到一個密鑰對，其中的一個向外界公開，稱為公鑰；另一個自己保留，稱為私鑰。

冠字號：人民幣鈔票上的編號，又稱冠字號碼。「冠字」是印在鈔票上用來標記印刷批次的兩個或三個英文字母，由印鈔廠按一定規律編排

數位人民幣相關名詞解釋

和印刷；「號碼」則是印在「冠字」後面的阿拉伯數字流水號，用來標明每張鈔票在同「冠字」批次中的排列順序。

國密算法：即國家商用密碼算法，是由國家密碼管理局認定和公布的密碼算法標準及其應用規範，其中部分密碼算法已經成為國際標準。

H

國家干預：政府作為市場經濟的主體，透過行政手段、經濟手段（主要是財政手段），以及法律手段，實現以經濟主體為主導、以經濟主體與經濟客體的對稱關係為核心、經濟結構平衡與經濟可持續發展的經濟行為。

回籠：流通中的一批貨幣經過金融機構回收，回到發行的中央銀行，不再進行流通，最終被銷毀。

匯兌：匯款人委託銀行將其款項支付給收款人的異地結算方式。

混幣：一個去中心化的隱私功能，可以讓用戶的資金快速高效地與其他用戶的資金進行混合，並在現有的用戶帳戶和混幣後的新帳戶之間創建隨機的映射關係，從而實現完全匿名。

I

IC 卡：也稱智能卡（smart card）、智慧卡（intelligent card）、微電路卡（microcircuit card）、微芯片卡等，是將一個微電子芯片嵌入符合 ISO7816 標準的卡基中製成的卡片。

J

技術素養：指對科學和技術進行評價並做出相應決定所必需的基本知識與能力。

技術中立：有兩種含義，一種含義是指「非歧視」原則，即政府在制定各種規則或標準時，應同等對待各種技術，給予各種技術公平競爭的機會；另一種含義則是用來指代美國知識產權法中的「實質性非侵權用途」規則。

加密貨幣：一種使用密碼學原理來確保交易安全並控制交易單位創造的交易媒介。

記帳單位：以貨幣為尺度來表現和衡量其他一切商品價值量的大小，是貨幣的基本職能之一。貨幣能充當記帳單位，是因為它本身是商品，具有價值。貨幣在執行記帳單位時，不需要實在的貨幣，只要觀念中的貨幣。

監理沙盒：2015 年 11 月，英國金融監管局率先提出的創新監管理念。監理沙盒作為一個受監督的安全測試區，透過設立限制性條件和制定風險管理措施，允許企業在真實的市場環境中，以真實的個人用戶與企業用戶為對象測試創新產品。

交互性：一個比較廣泛的概念，在不同領域的含義不同。主要運用於計算機及多媒體領域，可指人機交互，是研究關於設計、評價和實現供人們使用的交互計算系統的科學。

金本位：以黃金為本位幣的貨幣制度。在金本位下，每單位的貨幣價值等同於若干重量的黃金（即貨幣含金量）；當不同國家均使用金本位時，國家之間的匯率由各自貨幣的含金量之比（即金平價）來決定。

近場通訊（near field communication，NFC）：即近距離無線通信技術，用戶使用該技術可簡單直觀地交換信息、訪問內容與服務。

競爭幣（Bitcoin alternative，Altcoin）：比特幣外所有加密貨幣的總稱，也就是模仿比特幣技術架構創設的各類數位貨幣。

數位人民幣相關名詞解釋

K

可穿戴設備：可以直接穿戴在身上，或整合到用戶的衣服或配件中的便攜式設備。

可控匿名：數位人民幣的特性之一，主要指的是根據金額不同，對數位人民幣交易實行完全匿名或後臺實名等要求，既能滿足小額高頻交易所需的私密性，又能滿足反洗錢、反恐怖分子籌資活動、防控金錢犯罪的需求。

可信計算：在計算和通信系統中使用專門的安全模塊以提高系統整體安全性的計算模式。

恐怖分子籌資活動：包括恐怖組織、恐怖分子募集、占有、使用資金或者其他形式財產；以資金或者其他形式財產協助恐怖組織、恐怖分子以及恐怖主義、恐怖活動犯罪；為恐怖主義和實施恐怖活動犯罪占有、使用以及募集資金或者其他形式財產；為恐怖組織、恐怖分子占有、使用以及募集資金或者其他形式財產。

L

交易媒介：貨幣在商品流通過程中起媒介作用時所發揮的職能。

LUNA 幣（LUNA Coin）：Terra 的平臺代幣，用於穩定幣的發行、價格穩定機制與網路治理，一度成為頗受「幣圈」歡迎的數位貨幣之一。

M

M0：流通中現金，指銀行體系以外各個單位的庫存現金和居民的手持現金之和。

盲簽名：允許消息者先將消息盲化，而後讓簽名者對盲化的消息進行簽名，最後消息擁有者對簽字除去盲因子，得到簽名者關於原消息的簽名。

密碼龐克（cypherpunk）：1993 年在 Eric Hughes 的 A Cypherpunk's Manifesto 中出現的一個術語，結合了電腦龐克的思想，使用強加密（密文）保護個人隱私。

P

P2P（peer-to-peer）技術：在一個計算機網路中，每臺計算機相對於網路上的其他計算機都可以充當一個客戶端或服務器，計算機之間允許共享訪問而不需要中央文件和外設服務器。

PoW（proof-of-work）機制：工作量證明，是一種應對服務與資源濫用，或阻斷服務攻擊的經濟對策。一般要求用戶進行一些耗時適當的複雜運算，並且答案能被服務方快速驗算，以此耗用的時間、設備與能源作為擔保成本，確保服務與資源是為真正的需求所使用。

平臺化：基於產業全鏈數位化相連而提供端到端的優質體驗和差異化服務，保持營運的效率和靈活性，同時降低供需雙方的交易成本與摩擦成本。

Q

清分：清算的數據準備階段，主要是將當日的全部網路交易數據按照各成員行之間本代他、他代本、貸記、借記、筆數、金額、軋差淨額等進行匯總、整理、分類。

區塊鏈：即一個又一個區塊組成的鏈條。每一個區塊中保存了一定的信息，按照各自產生的時間順序連接成鏈條。這個鏈條被保存在所有的服務器中，只要整個系統中有一臺服務器可以工作，整條區塊鏈就是安全的。這些服務器在區塊鏈系統中被稱為節點，為整個區塊鏈系統提供儲存空間和算力支持。

數位人民幣相關名詞解釋

如果要修改區塊鏈中的信息，必須徵得半數以上節點的同意並修改所有節點中的信息，而這些節點通常掌握在不同的主體手中，因此篡改區塊鏈中的信息是一件極其困難的事。相比於傳統的網路，區塊鏈具有兩大核心特點：一是數據難以篡改，二是去中心化。基於這兩個特點，區塊鏈紀錄的訊息更加真實可靠，可以幫助解決人們互不信任的問題。

R

人工智慧（artificial intelligence，AI）：計算機科學與心理學相結合而產生的、研究用計算機實現人的智能行為和功能的一門學科。人工智慧的智能範疇一般包括人的智能行為，如圖像和聲音識別、學習、計劃、決策、解決問題、自然語言理解等。

人民幣跨境支付系統（cross-border interbank payment system，CIPS）：分兩期建設，一期主要採用實時全額結算方式，旨在為跨境貿易、跨境投融資和其他跨境人民幣業務提供清算、結算服務；二期採用更為節約流動性的混合結算方式，提高人民幣跨境和離岸資金的清算、結算效率。

容災系統：指在相隔較遠的異地，建立兩套或多套功能相同的 IT 系統，互相之間可以進行健康狀態監視和功能切換，當一處系統因意外（如火災、地震等）停止工作時，整個應用系統可以切換到另一處，使其得以繼續正常工作。

S

三元悖論：又稱貨幣政策的「不可能三角」，指一國無法同時實現貨幣政策的獨立性、匯率穩定與資本自由流動，最多只能同時滿足兩個目標，而不得不一定程度地捨棄另一個目標。這也是信用貨幣發行流通後

不可避免的問題。

商業匯票：指出票人簽發的，委託付款人在指定日期無條件支付確定的金額給收款人或者持票人的票據。分為商業承兌匯票和銀行承兌匯票。商業承兌匯票由銀行以外的付款人承兌（付款人為承兌人），銀行承兌匯票由銀行承兌。

市場主體：具有獨立經濟利益和資產，享有民事權利和承擔民事責任的可從事市場交易活動的法人或自然人。既包括營利性機構，如工廠、商超、公司、店鋪等大中小微型企業及個體戶等，也包括非營利性機構，如居民、政府、非政府組織等。

手機終端：一種手機無線網路接收端的簡稱，包含發射器（手機）和接收器（網路服務器）。

數位貨幣不可能三角：指運用區塊鏈技術的數位貨幣無法兼顧穩定、去中心化與資本效率，只能同時滿足其中兩種要求。比如，比特幣就無法較好地滿足資本效率的要求。

數位簽章：又稱公鑰數位簽章，是只有訊息發送者才能產生的別人無法偽造的一段數字串。這段數字串同時也是對信息發送者發送信息的真實性的一個有效證明。

數位憑證：指在網際網路通信中代表通信各方身分資料的一個數位認證。在網上，人們可以用它來識別對方的身分。

雙層營運體系：數位人民幣的雙層營運體系，即人民銀行不直接對民眾發行和兌換數位人民幣，而是先把數位人民幣兌換給指定的營運機構，比如商業銀行或者其他商業機構，再由這些機構兌換給民眾。

「雙碳」：即「碳達峰」與「碳中和」。其中，碳達峰（peak carbon dioxide emissions）指在某一個時點，二氧化碳的排放達到峰值、不再增

加，之後逐步回落；碳中和，指在一定時間內直接或間接產生的 CO2 或溫室氣體排放總量。

鬆耦合：指數位人民幣可以脫離銀行帳戶的束縛，在離線等情形下也可進行支付結算的特性。

T

貼現政策：貨幣當局透過變動自己對商業銀行所持票據再貼現的再貼現率，來影響貸款數量和基礎貨幣量的政策。

銅貝：中國最早的金屬貨幣，考古發現主要有無文銅貝、保德銅貝、包金銅貝、蟻鼻錢等幾種。商周時期，貝幣的種類有海貝、石貝、骨貝、銅貝和包金銅貝。

投機：指利用市場出現的價差進行買賣，從中獲得利潤的交易行為。可分為實體經濟投機和虛擬經濟投機兩大領域，其中內涵最為豐富、原理最為複雜的是證券投機。

W

外部性：又稱外溢性、相鄰效應，指一個經濟活動主體對其所處的經濟環境的影響。

穩定幣：在不同國家被當作現金、存款、電子貨幣、支付工具、集合投資計畫、證券、商品、衍生品、其他應當受監管的金融產品、加密金融資產、加密數位貨幣或者不受任何監管的商品。

物聯網：指透過訊息感測器、射頻識別技術、全球定位系統、紅外感應器、雷射掃描器等各種裝置與技術，對於任何需要監控、連接、互動的物體或過程，實時採集其物理、化學、生物、位置等各種所需訊息，透過各類可能的網路接入，實現物與物、物與人的泛在連接，實現

對物體和過程的智能化感知、識別和管理。

X

洗錢：指將犯罪或其他非法違法行為獲得的違法收入，透過各種手段掩飾、隱瞞、轉換，使其在形式上合法化的行為。

現金：指各主權國家法律確定的，在一定範圍內立即可以投入流通的交換媒介。

資訊不對等：指交易中的各人擁有的信息不同。在社會、政治、經濟等活動中，一些成員擁有其他成員無法擁有的信息，由此造成了資訊不對等。

虛擬貨幣：可以簡單理解為非真實貨幣，通常指 QQ 幣、論壇幣等僅在網路虛擬空間裡使用的貨幣。從非實物形態角度，也可以將數位貨幣視為虛擬貨幣。

Y

業務隔離：指為防範私募基金管理人所展開的業務與私募基金業務發生利益衝突，而將各具體制度透過設立專門機構的方式予以解決的制度總稱。

一般等價物：從商品世界中分離出來作為其他一切商品價值的統一表現的特殊商品，是商品生產和商品交換發展到一定階段的產物。

以太坊：一個開源的有智能合約功能的公共區塊鏈平臺，透過其專用加密貨幣以太幣（Ether，ETH）提供去中心化的以太虛擬機（ethereum virtual machine）來處理點對點合約。

銀行本票：出票人（銀行）簽發的，承諾自己在見票時無條件支付確定金額給收款人或者持票人的票據。

數位人民幣相關名詞解釋

銀行匯票：匯款人將款項存入當地出票銀行，由出票銀行簽發的，承諾自己在見票時按照實際結算金額無條件支付給持票人或收款人的票據。

銀行券（bank note）：銀行發行的、用以代替商業票據的銀行票據，可視為一種信用貨幣，產生於貨幣執行支付方式的職能。

應用程式介面（application programming interface，API）：一般指應用程式編程接口。主要目的是提供應用程式與開發人員訪問一組例程的能力，而無須訪問源碼，或理解內部工作機制的細節。在程序設計的實踐中，編程接口的設計首先要使軟體系統的職責得到合理劃分。良好的接口設計可以降低系統各部分的相互依賴，提高組成單元的內聚性，降低組成單元間的耦合程度，從而提升系統的維護性和擴展性。

預付式消費：先付款後消費的模式，比如理髮店的會員卡或超市的會員制。

雲端運算：位於網路中央的一組服務器，將其計算、儲存、數據等資源以服務的形式提供給請求者，以完成信息處理任務的方法和過程。

Z

支付交易處理：支付業務中的一類，另一類為儲值帳戶營運。指在不創建支付帳戶或者不提供預付價值的情況下，根據收款人或者付款人提交的電子支付指令，轉移貨幣資金的行為。

支付憑證：向收款人或持票人無條件支付款項的書面憑證。

支付清算體系：指中央銀行向金融機構及社會經濟活動提供資金清算服務的綜合安排。

支付方式：指貨幣用於清償債務，支付賦稅、租金、薪水等的職能。

支付指令：指付款人以紙質、磁介質或電子形式發出的，按照收款人的要求，辦理確定金額的資金轉帳的命令。

支票：出票人簽發的，委託辦理支票存款業務的銀行或者其他金融機構在見票時無條件支付確定的金額給收款人或者持票人的票據。

智能合約：一種旨在以資訊化方式傳播、驗證或執行合同的計算機協議，於 1995 年由 Nick Szabo 首次提出。智能合約允許在沒有第三方的情況下進行可信交易，這些交易可追蹤且不可逆轉。

價值儲藏：對有價值的物品進行貯藏，是貨幣的基本職能之一，即從獲得到消耗收入的過程中對購買力的保存。

準備金（reserve）：商業銀行庫存的現金按比例存放在中央銀行的存款。實行準備金的目的是確保商業銀行在遇到存款突然被大量提取時，能有充足的清償能力。

資本管制：一種貨幣政策工具，國家政府機關等權力機構用以掌控資本從國家資本帳戶等的流進和流出，以及定向投資金額從國家或貨幣中的進出。

最後貸款人：又稱最終貸款人，通常是中央銀行。在金融機構出現危機或者流動性短缺的情況時，由中央銀行作為應付資金需求的終極資金供給機構。目的是為銀行信貸及其他金融活動提供最後的流動性支持，以維護整個金融體系的穩定。

數位人民幣,中國數位經濟新紀元:
數位金融時代,探索中國數位人民幣的起源與前景

作　　　者:陳耿宣,景欣,李紅黎
發　行　人:黃振庭
出　版　者:財經錢線文化事業有限公司
發　行　者:財經錢線文化事業有限公司
E‑mail:sonbookservice@gmail.
　　　　　com
粉　絲　頁:https://www.facebook.
　　　　　com/sonbookss/
網　　　址:https://sonbook.net/
地　　　址:台北市中正區重慶南路一段
　　　　　61 號 8 樓
8F., No.61, Sec. 1, Chongqing S. Rd.,
Zhongzheng Dist., Taipei City 100, Taiwan

電　　　話:(02)2370-3310
傳　　　真:(02)2388-1990
印　　　刷:京峯數位服務有限公司
律 師 顧 問:廣華律師事務所 張珮琦律師

定　　　價:330 元
發 行 日 期:2024 年 05 月第一版
◎本書以 POD 印製
Design Assets from Freepik.com

國家圖書館出版品預行編目資料

數位人民幣,中國數位經濟新紀元:
數位金融時代,探索中國數位人民
幣的起源與前景 / 陳耿宣,景欣,
李紅黎 著 . -- 第一版 . -- 臺北市:財
經錢線文化事業有限公司 , 2024.05
面;　公分
POD 版
ISBN 978-957-680-889-0(平裝)
1.CST: 人民幣 2.CST: 電子貨幣
3.CST: 金融管理 4.CST: 電子商務
563.146　　　　113006598

電子書購買

爽讀 APP

臉書